KB005301

판권

《스레드》는 북저널리즘이 만드는 종이 뉴스 잡지다. 북저널리즘은 2017년 서울에서 출판물로 시작해 디지털, 정기 구독, 커뮤니티, 오프라인으로 미디어 경험을 확장하고 있다. 《스레드》는 이달에 꼭 알아야 할 비즈니스, 라이프스타일, 글로벌 이슈를 선별하고 정제하고 해설한다. 21호는 2024년 3월 11일 발행됐다. 이연대, 신아람, 김혜림이 쓰고 편집했다. 들어가며, 마치며는 신아람이 썼다. 커버 사진은 2019년 미국 일리노이주 시카고 유니온 파크에서 열린 피치포크 뮤직 페스티벌의 모습이다. 록 밴드 하임(HAIM)이 공연하고 있다. 출처는 Barry Brecheisen, WireImage이다. 이 책의 발행처는 주식회사 스리체어스(threechairs)이고, 등록번호는 서울중, 라00778이다. 주소는 서울시 중구 퇴계로2길 9-3 B1, 이메일은 thread@bookjournalism.com, 웹사이트는 bookjournalism.com이다. 이 책에 수록된 글과 그림을 이용하려면 반드시 저작권자와 ㈜스리체어스의 동의를 받아야 한다.

《스레드》는 이달에 꼭 알아야 할 비즈니스, 라이프스타일, 글로벌 이슈를 선별하고 정제하고 해설한다.

목차

들어가며   7

익스플레인드

    죽을 권리가 인정받기까지   10

    지구 종말 90초 전   18

    피치포크의 종말   24

    늙은 정치인과 낡은 정치판   34

    기부금의 정치학   44

    뇌에 칩을 심었다   52

    비둘기와 함께 살 용기   60

    매킨토시 비긴즈   68

    TV가 된 소셜 미디어   80

피처

    나의 죽음은 나의 것이 아니다   92

인터뷰

    불안의 시대에서 프리랜서로 살아남기   114

마치며   127

들어가며

인류는 언제나 종말론에 매료되곤 했다. 이러한 담론은 종교의 영역이기도 했고 정치의 영역이기도 했으며 때로는 문화의 소재이기도 했다. 그러나 2024년, 우리는 지금 아주 과학적인 근거를 들어 지구의 종말을 상상한다. 지구라는 행성이 품고 있는 생태계에 인류가 가할 수 있는 충격을 측정하고 계산할 수 있게 되었기 때문에 가능한, 새로운 종말론이다. 2024년의 인류가 종말로 몰아가고 있는 것은 이뿐만이 아니다. 인류가 발명하고 향유한 지 얼마 되지 않은 것들도 무력하게 사라지고 있다. 소셜 미디어는 관계의 기능을 잃었고 잡지는 공론장으로서의 역할을 상실했다. 정치는 대안을 제시할 힘을 잃고 노회한 갈등의 전시장이 되었다. 종말은 시작의 시그널이어야 한다. 그런데 무엇이 시작되고 있나. 기술이 몇 가지 답을 내놓고 있다. 세계를 혁신할 디바이스로, 인류와 기계의 정신을 엮고 얽어 만들어 낼 새로운 지능으로. 종말과 변화, 그리고 새로운 시대의 시작은 우리를 어떤 세계로 인도하고 있을까. 그 '새로운 세계'에서의 일상은 안온하고 행복할 수 있을까. 2024년 3월의 《스레드》는 이 질문의 답을 좇는다.

익스플레인드

우리에겐 '해설(explained)'이 필요하다. 세상에 정보는
너무 많고 맥락은 너무 적다. 똑똑한 사람들이 정말 중요한
이슈를 따라잡기가 점점 어려워지고 있다. 그래서 《스레드》는
세계를 해설한다. 복잡하고 경이로우며 빠르게 변화하는
세상을 이해하는 데 필요한 통찰을 제공한다. 지금 무슨 일이
벌어지고 있는지 알리는 데 그치지 않고 그 일이 일어난
이유와 맥락, 의미를 전한다.

죽을 권리가 인정받기까지

드리스 판아흐트 네덜란드 전 총리가 지난 2월 5일 자택에서 부인과 동반 안락사로 생을 마감했다. 향년 93세였다. 판아흐트 전 총리가 설립한 시민 단체 '권리 포럼'은 "두 사람은 건강 악화로 고통스러워했고, 상대를 남겨 두고 떠날 수 없었다"라고 밝혔다. 판아흐트 전 총리는 2019년 뇌졸중으로 쓰러진 이후 건강을 회복하지 못했던 것으로 알려졌다. 이연대가 썼다.

2002년 네덜란드는 세계 최초로 안락사를 합법화했다.
네덜란드에선 ①의료진이 환자에게 독성 약물을 투입해
죽게 하는 안락사가 합법이다. ②의료진이 건넨 약물을
환자가 실행해 죽음을 맞는 의사 조력 자살이 합법이다.
③인공호흡기 같은 생명 유지 장치를 제거해 죽음에 이르는
연명 의료 중단이 합법이다. 현재 우리나라에선 ③번만
합법이다. 죽을 권리에 대한 네덜란드의 사회적 논의는 어떤
과정을 거쳐 왔을까.

2016년 네덜란드 TV에서 방영한 안락사 다큐멘터리. 해니 고드리안은
언어 능력이 서서히 없어지는 희귀병인 의미 치매를 앓았다. 해니는
안락사를 결정했다. 의사는 그녀의 정맥에 독성 약물을 주입해 죽음에
이르게 했다. 네덜란드 시청자 150만 명이 이 모습을 지켜봤다. 사진:
NTR 캡처

포스트마 사건

1973년 네덜란드 의사 포스트마의 어머니는 뇌출혈 후유증을
앓았다. 신체 일부가 마비됐고, 귀가 들리지 않았고, 언어
장애가 생겼다. 어머니는 요양원에서 지냈는데, 넘어질
위험이 있어 의자에 묶인 채로 생활해야 했다. 어머니는
의사인 딸에게 삶을 끝낼 수 있게 도와 달라고 거듭 요청했다.
포스트마는 의자에 매어 연명하는 어머니의 모습을 더는
지켜볼 수 없었다. 포스트마는 어머니에게 치사량의 모르핀을
투여해 살해했다.

징역 1주일

포스트마는 살인죄로 기소됐고, 유죄 판결을 받았다.
그런데 법원은 고작 징역 1주일에 집행 유예 1년을 내렸다.
재판부는 환자가 불치병을 앓았고, 고통이 견딜 수 없을 만큼
심했고, 이미 임종 단계에 들어서 있었다는 이유를 들었다.
또한 피해자의 반복적이고 진지한 요구에 따라 안락사가
이뤄졌다고 판단했다. 안락사를 허용하는 조건이 최초로
제시된 판결이었다. 이 조건들은 현재 네덜란드의 안락사법이

규정하는 안락사의 조건과 비교할 때 크게 다르지 않다.

손하임 사건

1984년 네덜란드 대법원에서 안락사와 관련한 첫 판결이
나왔다. 의사 손하임은 95세 여성 환자의 주치의였다.
손하임은 이 환자를 6년 넘게 지켜봐 왔다. 환자는 골반
골절로 반년 넘게 병상에 누워 있었다. 진통제를 다량
복용했다. 숨을 거두기 일주일 전에는 의식을 잃기도 했다.
의식을 찾고 나서도 음식을 제대로 먹지 못했다. 환자는
손하임에게 고통을 끝내 달라고 여러 차례 요청했다.
손하임은 환자의 가족은 물론이고 다른 의사와 상의한 끝에
환자에게 약물을 주사해 죽음에 이르게 했다.

두 의무가 충돌할 때

대법원은 손하임이 의사 협회의 윤리 강령을 책임감 있게
지켰다며 무죄를 선고했다. 의사는 환자를 치료하고 고통을
완화하기 위해 노력할 의무가 있다. 동시에 마땅한 치료법이
없다면 환자가 불필요한 고통을 겪도록 해서도 안 된다.

두 의무가 충돌할 때는 환자의 병세가 개선될 여지가 없고
고통마저 줄일 수 없는 상황에서, 환자 본인이 숙고하여
결정하고, 분명하고 지속적으로 안락사를 요구해, 의사가
안락사를 실행했다면, 의사를 처벌할 수 없다고 대법원은
판단했다.

실태 조사

이때까지만 해도 네덜란드에서 안락사는 합법은 아니었지만,
대법원 판례에 따라 민간에서 관행적으로 이뤄졌다. 1995년
네덜란드 의회는 안락사 실태를 조사했는데, 그해 3600건의
안락사와 의사 조력 자살이 이뤄진 사실을 확인했다.
국민감정이 이러니 큰 저항 없이 법이 만들어졌다. 1999년
법무부와 보건부가 안락사 허용 법안을 제정하고, 2000년
하원을 통과하고, 2001년 상원을 통과해, 2002년 4월 법이
시행됐다. 세계 최초였다. 이 법의 정식 명칭은 '요청에 의한
생명 단절과 조력 자살의 심사 절차 및 형법과 장례법 개정
법률'이다.

안락사법

네덜란드에서 안락사를 실행하는 의사는 안락사법에 규정된 기준을 준수하면 형사 처벌에서 면제된다. 먼저 환자가 안락사를 자발적으로 요청해야 한다. 환자는 호전될 가능성이 전혀 없고 견딜 수 없는 고통을 겪고 있어야 한다. 환자는 안락사 결정을 숙고해서 내려야 한다. 환자가 현재 상황을 벗어날 방법이 안락사 말고는 없어야 한다. 환자가 안락사 결정을 내리면 주치의는 다른 의사들과도 상의해야 한다. 한편 네덜란드에서 안락사는 합법이지만, 환자의 권리는 아니다. 환자가 요청한다고 해서 의사가 따라야 할 의무는 없다.

확장

네덜란드는 안락사법 제정 이후에도 법 적용 대상을 지속적으로 확장하고 있다. 안락사 직전에는 환자가 최종 동의를 해야 하는데, 2020년에는 중증 치매 환자의 경우에 최종 동의 없이도 안락사를 시행할 수 있도록 했다. 안락사를 허용하는 연령도 늘렸다. 현행법은 12세부터 안락사를 허용하고 있지만, 네덜란드 정부는 불치병을 앓는 1~11세 아동에게도 안락사를 시행할 수 있도록 법 개정을 추진하고 있다. 이 개정은 의료계가 먼저 요구했다. 불치병으로 극심한 고통을 겪어도 아동은 12세 미만이라는 이유만으로 고통을 감내해야 해 안락사의 사각지대에 놓였다는 이유였다.

IT MATTERS

네덜란드의 현행법이 옳다고만 할 수 없다. 윤리적, 철학적, 종교적 반론도 많다. 안락사를 선택하는 사람을 사회에서 쓸모없어 제거해 버릴 대상으로 여기게 한다는 비판도 제기된다. 주목할 부분은 네덜란드는 죽음을 덮어 놓지 않고 깊고 넓게 논의해 왔다는 사실이다. 우리나라는 1~2년 내 초고령 사회에 진입한다. 달리 말해 죽음이 가장 가까운 사회가 된다. 우리는 날마다 저출생 문제를 이야기하지만, 죽음은 입에 담지 않는다. 우리나라에서 인공호흡기를 떼는 연명 의료 중단이 합법화된 게 2018년이다. 그해 네덜란드에서는 7000명이 넘는 사람이 안락사를 선택했다. 마침 지난 1월 28일 우리나라 헌법재판소는 의사 조력 자살을 허용해도 되는지에 대해 심판하기로 했다.

지구 종말 90초 전

'둠스데이 클락(Doomsday Clock)'이 오후 11시 58분 30초를 가리켰다. 자정까지 90초 남았다. 자정은 과학자들이 경고하는 지구 파멸의 시점을 상징한다. 미국 핵과학자회(Bulletin of the Atomic Scientists, BAS)는 1월 23일 "불길한 흐름이 전 세계를 재앙으로 몰아가고 있다"며 2년 연속으로 시계를 자정 90초 전으로 설정했다. 지구 종말 시각이 처음 발표된 1947년 이후 역대 가장 늦은 시각이다. 이연대가 썼다.

BAS는 올해 둠스데이 클락을 자정 90초 전에 맞춘 이유로
크게 네 가지를 꼽았다. 전 세계 분쟁 지역의 핵 위협
증가, 심화하는 기후 위기, 진화하는 생물학적 위협, AI의
위험성이다. 자정을 향해 달려가는 시곗바늘은 인위적 개입
없이는 저절로 멈추지 않는다. 공동의 위협에는 공동의
행동이 필요하다. 미국, 중국, 러시아를 위시한 세계 각국이
지구가 직면한 위험에 대해 진지한 대화를 시작해야 한다.

미국 핵과학자회가 1월 23일 공개한 '둠스데이 클락'. 분침이 자정 90초
전을 가리키고 있다. 사진: 핵과학자회

둠스데이 클락

BAS는 아인슈타인과 오펜하이머 등 미국 핵 과학자들이
1945년 설립한 단체다. BAS는 1947년 학회지 표지에 자정
7분 전인 시계 그래픽을 실었다. 자정은 인류가 핵전쟁을
벌여 자멸하는 시점을 뜻했다. 7분 전은 특별한 의미 없이
시각적으로 보기에 좋아서 그려 넣었다. 핵무기의 위험성을
알리기 위한 시도였는데, BAS는 이후로 매년 1월마다 국제
정세를 분석해 둠스데이 클락을 발표해 왔다.

1947-2023

1947년 분침이 돌아가기 시작한 시계는 1953년 자정 2분
전에 이른다. 직전 해에 미국이 세계 최초로 수소 폭탄을
실험했기 때문이다. 그러다 미국과 소련이 전략 무기 감축
조약을 체결하고, 소련이 붕괴한 1991년에는 자정 17분
전으로 늦춰진다. 둠스데이 클락이 탄생한 이래 자정에서
가장 먼 시간이었다. 이후 시곗바늘은 다시 빨라진다. 2023년
러시아의 우크라이나 침공으로 자정 90초 전이 된다.

2024년 1월 23일 BAS는 올해 둠스데이 클락을 지난해와 같은 자정 전 90초로 맞췄다. BAS 회장인 레이첼 브론슨은 말한다. "오해하지 마십시오. 시계를 자정 전 90초로 유지한다고 해서 세상에 안정됐다는 의미는 아닙니다. 오히려 정반대입니다. 전 세계 정부와 지역 사회의 행동이 시급합니다." 자정 90초 전이면 냉전이 극에 달했던 시기보다 지구가 더 위태롭다는 얘기인데, BAS는 올해 지구 종말의 위험 요소로 어떤 것들을 꼽았을까.

핵 위협

BAS가 꼽은 첫 번째 위협은 핵무기다. 지난해 러시아는 미국과 맺은 신전략 무기 감축 조약을 중단하고, 포괄적 핵실험 금지 조약도 철회했다. 또한 NATO 회원국인 폴란드를 포위하기 위해 동맹국인 벨라루스에 전술 핵무기를 배치했다. 이란은 핵무기 제조 직전 수준의 우라늄을 농축하고, 북한은 핵무기와 장거리 미사일을 개발하고 있다. 인도와 파키스탄도 핵 확장을 지속하고 있다.

기후 위기

두 번째 위협은 기후 위기다. 2023년 지구는 역사상 가장 더웠다. 남극 해빙 면적이 관측 이래 최저치를 기록했다. 지난 한 해 동안 전 세계는 청정에너지에 사상 최대 규모인 1조 7000억 달러를 투자했지만, 화석 연료에도 1조 달러를 투자해 노력이 상쇄됐다. 기후 위기는 세계에서 가장 가난한 사람들에게 집중적으로 피해를 입힌다. 획기적인 변화가 없다면 인류의 고통은 끝없이 증가할 것이다.

생물학적 위협

생명 과학 기술도 위험 요소다. 유전 공학 기술이 더 정교해지고 더 저렴해졌는데, 이런 생물학적 기술이 AI 도구와 결합해 오용될 수 있다. 예컨대 충분한 노하우가 없는 개인이 AI를 이용해 인간, 동물, 식물에 해를 끼칠 수 있는 바이러스를 만들고 퍼트릴 수 있다. 지난해 10월 조 바이든 미국 대통령이 생명 과학 분야의 AI 사용에 적용할 표준을 만들기로 했지만, 법적 구속력은 없다.

AI의 위험

지난해 가장 큰 이슈는 생성형 AI의 비약적 발전이었다. AI는 허위 정보를 확산해 민주주의를 흔들고, 세계가 핵 위험, 전염병, 기후 위기에 효과적으로 대처하는 것을 방해할 수 있다. 또한 AI의 군사적 활용도 가속화하고 있다. AI는 이미 정보, 감시, 정찰, 시뮬레이션, 훈련 분야에서 폭넓게 활용되는데, 핵무기 같은 중요한 물리적 시스템을 AI에 맡기게 될 경우 인류에 실존적인 위협이 될 수 있다.

IT MATTERS

둠스데이 클락을 되돌릴 방법은 없을까. 핵무기, 기후 위기, 생명 과학, AI는 국경 없이 전 세계에 걸친 문제여서 일부 국가나 소수 지도자가 통제할 수 없다. BAS는 공동의 위협에는 공동의 행동이 필요하다는 신념을 바탕으로 세계 각국이 함께 노력해야 한다고 말한다. 그러려면 먼저 세계를 두 블록으로 나누고 있는 미국과 중국, 러시아가 지구적 위기에 대한 진지한 대화를 시작해야 한다. 자정까지 90초가 남았다.

피치포크의 종말

미국의 유명 음악 리뷰 사이트인 '피치포크(Pitchfork)'가
남성 전문지《GQ》와 합병한다. 피치포크의 모회사
'콩데나스트'가 직원들에게 보내는 메모를 통해 밝힌
내용이다. 합병의 영향으로 편집장 푸자 파텔(Puja Patel)이
회사를 떠났다. 총 12명의 직원이 해고됐고, 편집진 18명 중
여덟 명이 남았다. 김혜림이 썼다.

해외의 음악 팬들은 이번 합병을 두고 피치포크가 사라졌다고 표현한다. 그들에게 피치포크는 단순한 '매체' 그 이상이었다. 작은 미디어와 거대한 기업 사이에서 매체 그 이상을 꿈꿨던 매체들이 흔들린다. 뾰족한 애호와 커뮤니티, 개방을 기반에 두고 작동하는 중간 규모의 매체들이 사라진다. 개인의 취향과 대중의 취향이 만날 중간 다리가 사라지면 도발적인 문화를 만들 동력도 희미해진다.

2019년 미국 일리노이주 시카고 유니온 파크에서 열린 피치포크 뮤직 페스티벌. 록 밴드 하임(HAIM)이 공연하고 있다. 사진: Barry Brecheisen, WireImage

피치포크

시작은 소소했다. 고등학교를 졸업한 후 미니애폴리스 교외의 레코드 가게에서 일하던 라이언 슈라이버(Ryan Schreiber)가 인디 음악을 위한 웹사이트를 만든다. 1996년의 일이었다. 라이언은 자신이 표현하기로는 음악 잡지를 "탐욕스럽게 소비"하는 열성 팬이었고, 출판과 저술 경험은 전무했다. 그에게 영향을 준 건 메인스트림 저널리즘이었던 《롤링 스톤》보다는 1990년대의 DIY 팬진(fanzine) 문화였다. 진(zine)은 주류문화 바깥에서 자생하는 매체다. 1950년대와 1960년대, 비트족 작가들은 미국 문화와 정치에 관한 이야기를 진으로 펴냈고 1970년대에는 페미니스트 운동이, 1980년대는 반란을 주제로 하는 펑크 문화가 진의 새로운 흐름이었다. 피치포크는 그 문화를 온라인과 인디 음악 씬으로 옮겨 왔다. 피치포크는 모든 음악에 3점을 주는 《롤링 스톤》을 비판하며 사람들을 음악 공론장에 불러 모았다.

디깅과 큐레이팅

피치포크의 매달 방문자 수는 700만 명에 달한다. 초기부터

입소문을 타면서 충실하고 열정적인 음악 팬들이 매일 피치포크를 찾았다. 피치포크는 사람들이 잘 알지 못하는 아티스트를 직접 '디깅'해 줬고, 0.0점부터 10.0점까지 점수를 매기며 짧거나 긴 리뷰를 제공했다. 들어본 적도 없는 밴드의 리뷰를 열면 그들의 이전 앨범들, 그들이 만드는 음악의 장르, 그들이 위치하는 음악 역사의 좌표까지 흡수할 수 있었다. 물론 초기의 피치포크는 엉성했다. 때로는 무례했다. 어떤 앨범에는 수천 단어의 리뷰가, 또 어떤 앨범에는 엽기적인 동영상 하나가 리뷰라는 이름으로 달렸다. 그 엉성함은 외려 매력이 됐다. 사람들은 피치포크가 소개한 음악을 듣고, 점수에 대해 토론했다. 새로운 음악 팬들을 피치포크 유저로 끌어들이기도 했다. 피치포크 이후의 음악 감상 문화는 소수의 비평가를 중심으로 돌아가던 비평 문화와는 비슷하면서도 달랐다.

콩데나스트

피치포크는 문화적으로도, 사업적으로도 성장했다. 설립 10년 차인 2015년, 잡지 《보그》, 《GQ》 등으로 유명한 미디어 기업 콩데나스트가 피치포크를 인수한다. 당시 추산된 가치는

8200만 달러였다. 콩데나스트에게는 젊고 힙한 음악 매체가
필요했고 피치포크는 자원과 확장을 위한 발판이 필요했다.
피치포크는 "콩데나스트는 우리가 무엇을 하는지 잘 알고
있다"며 인수에 대해 긍정적인 의견을 밝혔으나 커뮤니티의
반응은 좋지 않았다. 콩데나스트는 수익성이 낮은 매체를
가차 없이 정리해 왔다. 실제로 1941년 창간돼 1981년
콩데나스트에 인수된 음식 전문지《고메》는 레시피 웹사이트
'에피큐리어스'에 통합되며 자취를 감췄다. 이번 합병도
그때의 상황과 멀지 않다.

OK Computer

1996년부터 2024년까지, 피치포크는 다양한 변화를 겪었다.
컴퓨터의 변화도 그중 하나다. 2006년에 스포티파이가
생긴다. 스포티파이는 두 가지를 팔았다. 하나는 실물
앨범을 돈 주고 사지 않아도 쉽게 음악을 들을 수 있는
경험, 또 하나는 나에게 초점이 맞춰진 알고리즘 기반의
플레이리스트다. 음악을 듣는 경험 자체가 보편화하니 굳이
점수를 따져 가며 '최선의 소비'를 하려는 노력이 필요치
않아졌다. 신보 소식을 읽어 가며 새로운 음악을 찾지

않아도 간편한 알고리즘이 나에게 맞는 음악들을 대령해
줬다. 음악뿐만이 아니다. 피치포크의 주 수입원은 웹사이트
광고다. 이들에게 소셜 미디어의 타깃팅 광고는 너무도
강력한 적이었다. 더 많은 광고를 받아야 하니 웹사이트의
품질은 낮아졌다. 라이언은 라디오헤드의 앨범 〈OK
Computer〉를 "감정과 성격을 로봇으로 대체하려는 기업
세계에 대한 격렬한 증오"가 담긴 앨범이라 표현했다. 지금
보면 더욱 의미심장하다.

엷어진 피치포크

소비의 모습이 바뀌면 소비자의 초상도 바뀐다. 더 이상
사람들은 좋은 음악을 듣기 위해 많은 시간을 쓰지 않는다.
그에 맞춰 피치포크의 지향도 점차 엷어졌다. 콩데나스트의
인수 이전, 피치포크는 과거의 앨범에 대해 평가하지 않았다.
솔직한 평가가 불가능하다는 이유 때문이었다. 지금은 매주
일요일마다 이전에 리뷰하지 않았던 '중요한 앨범'들에
평가를 매긴다. 이미 명반이 된 앨범들이니 점수도 후하다.
그뿐만 아니다. 도발적이거나 비판적인 기사보다는 문화적
규범에 알맞게 정제된 시각이 올라온다. 알려지지 않았던

음악과 밴드에 집중했던 과거와 달리, 팝과 힙합 음악에 더욱 초점을 맞춘다. 6년 전, 레딧 커뮤니티의 '음악에 대한 이야기(LetsTalkMusic)' 하위 레딧에 올라온 한 게시글은 자신이 피치포크를 떠날 것이라고 선언했다. 이런 댓글이 달렸다. "상황은 더욱 악화됐고 과거의 피치포크를 대체할 만한 것이 전혀 없다."

중간 미디어의 소멸

6년 전의 레딧 유저가 문제의 핵심을 짚었다. 문제는 피치포크를 잃은 후, 새로이 정착할 곳이 없다는 점이다. 2020년대는 아주 작거나 너무 큰 미디어 사이의 중간 다리를 잃고 있다. 음악과 예술 분야만이 아니다. 미국에서 가장 오래된 스포츠 잡지인 《스포츠 일러스트레이티드》, 2010년대 떠올랐던 〈바이스〉, 〈허프포스트〉를 비롯해 확장성을 가진 작은 매체들이 연이어 위기를 맞고 있다. 〈복스(Vox)〉의 창립자 에즈라 클라인은 중간 규모의 미디어는 "거대 미디어보다 더 구체적이고, 낯설고, 실험적일 수 있으며 소규모 출판보다 더 야심 차게 보도할 수 있"는 곳이라 지적한다. 개인이 운영하는 작은 뉴스레터는 확장성이

부족하다. 거대 미디어에서는 지속적으로 토론하는 열성적인
팬덤 정체성을 만들기 어렵다. 그만큼 이상한 문화가 자라날
틈새가 좁아진다.

문화를 만들던 힘

과거에는 순환이 있었다. 새로운 아티스트가 음악을 내면
작은 매체는 음악을 공론장에 올리고, 팬들은 작품에 대한
자신만의 시각을 쏟아냈다. 그렇게 쏟아진 커뮤니티의
방향성은 다시 다른 음악과 앨범, 아티스트로 이어졌다.
지금은 아니다. 새로운 상상과 시도, 연대의 장이 페이스북
페이지 하나로, 인스타그램 계정 하나로, 유튜브 채널 하나로
축소된다. 파편적으로 형성된 커뮤니티는 한 인플루언서의
팬으로 남을 뿐 음악, 스포츠, 때로는 정치라는 영역 내의 공통
의제를 만들어 내지 못한다. 각자가 자신의 노이즈 캔슬링
이어폰에서 흘러나오는 음악을, 파편적인 뉴스를 소비만
할 뿐이다. 개인의 취향과 대중의 취향을 이어 줬던 중간
미디어들이 사라진다면, 새로운 의제, 문화 자체가 강력하게
공유되기 어렵다.

웹3.0 방식의 소셜 미디어는 새로운 커뮤니티 형성의 기술적 힌트를 제공한다. 트위터의 대항마로 떠오르던 '마스토돈', '블루스카이'와 같은 탈중앙화 커뮤니티는 지역과 주제별로 다양한 서버가 운영된다. 사람들은 누구나 프로토콜 기술을 사용하여 자신만의 미디어 플랫폼을 만들고 소통할 수 있다. 탈중앙화 시스템을 택하는 만큼, 기업의 사정과는 무관하게 커뮤니티가 지속된다. 애정을 갖고 키워 나가던 공간이 한 순간에 사라지는 일은 막을 수 있다.

문화 형성의 동맥경화를 멈출 방법은 결국 소비자에게, 애호가에게 주어져 있다. 나만의 플레이리스트에서 벗어나 자신의 취향과 문화를 나누고 공유하는 것으로도 작은 변화를 시작할 수 있다. 뉴스레터와 같이 폐쇄적인 커뮤니티를 넘어 블로그, 웹사이트 문화를 복원하는 방법도 있다. 지금까지의 발전은 모두 댓글과 대댓글에서 태어났다. 음악이든, 스포츠든, 정치든 타인과 시선을 나누지 않으면 발전할 수 없다.

늙은 정치인과 낡은 정치판

조 바이든 미국 대통령의 기밀문서 유출 의혹을 조사한 특검
보고서가 공개됐다. 바이든이 부통령 재직 시절, 고의로
기밀문서를 유출했으나 형사 고발은 타당하지 않다고 결론
내렸다. 기소까지는 필요치 않다고 판단한 배경에 또 다른
요인이 있다. 바로 바이든 대통령의 기억력이다. 특검은
바이든 대통령이 부통령 재직 기간, 장남인 보 바이든의
사망 연도 등을 떠올리지 못했다고 밝혔다. 바이든은 자신을
"기억력이 나쁜 노인"으로 표현한 데 반박했다. 김혜림이
썼다.

늙은 정치인들의 얼굴에서 발견해야 할 것은 그들의 주름도, 말실수도 아닌 낡은 정치 시스템 그 자체다. 우리에게 필요한 건 젊은 정치인들의 파편적인 등장이 아니다. 경력과 나이를 능력과 동일시했던 낡은 정치와의 결별이다. 유권자들은 낡은 정치를 원하지 않는다. 그럼에도 선택지에는 4년 전의 얼굴만 존재한다. 무엇이 그 선택지를 만들었는지를 들여다볼 때다.

조 바이든이 X에 올린 다크 브랜든 밈. 바이든 캠프는 젊은 이미지를 강조해 Z세대 유권자를 끌어들이려 한다. 사진: X @JoeBiden

1942년과 1946년

올해로 바이든 대통령은 81세, 트럼프 전 대통령은 77세다. 전세계 정부 수뇌의 평균 연령이 62세라는 걸 고려한다면, 둘 다나이가 적지 않다. 퓨 리서치 센터가 조사한 바에 따르면 전세계 187명의 지도자 중 단 여덟 명만이 바이든보다 나이가많다. 이 둘이 올해 11월 있을 미국 대선에서 후보로 맞설가능성이 크다. 바이든 대통령이 당선된다면 86세에, 트럼프전 대통령이 당선된다면 82세에 임기가 종료된다. 누가당선되든 역대 최고령이다.

우려

고등 인지 사고에 관여하는 대부분의 뇌 부위는 60~70세부터시작해 사망할 때까지 노화 과정을 겪게 된다. 해마 영역이축소되고 뇌가 정보를 처리하는 속도가 늦어질 수 있으며도파민, 세로토닌과 같은 신경전달물질 역시 감소할 수 있다.과학적인 이유를 들이대지 않더라도 이번 특검 보고서처럼사람들은 이미 '늙은 정치인'에 대한 우려를 공유한다. 바이든대통령은 윤석열 대통령을 문재인 대통령으로 언급하거나,

시진핑 중국 주석을 덩샤오핑과 혼동하기도 했다. 트럼프 전 대통령은 유세를 다니며 바이든 대통령의 나이를 조롱하는 모션을 취했지만, 최근에는 힐러리 클린턴을 오바마 전 대통령과 혼동하는 등 말실수를 하는 장면을 보였다.

트럼프 전 대통령이 공개한 주치의의 편지. 신체적, 정신적 건강이 훌륭하다고 적혀 있다. 사진: 트루스 소셜 @realDonaldTrump

공격과 리스크

트럼프 전 대통령은 바이든 대통령의 81번째 생일날 주치의의 편지를 공개했다. 브루스 에런월드 박사는 여덟 문장으로 트럼프 대통령의 건강을 과시했으나 체중, 혈압, 콜레스테롤 수치 등의 주요 건강 지표가 적혀 있지 않아 지적을 받았다.

두 대통령의 고령 상황은 좋은 정치적 공격의 도구가 되기도 한다. 대선 레이스에 나선 니키 헤일리는 트럼프와 바이든을 한 데 엮어 '심술쟁이 노인들' 캠페인을 시작했다. 플로리다 주지사인 론 드샌티스는 2016년의 자유분방하고 빨랐던 트럼프와 지금의 트럼프를 비교하며 "이제는 그냥 다른 사람이 됐다"고 언급하기도 했다. 나이만이 유일한 변화는 아니겠지만, 분명 속도감 있는 정치를 전개하는 트럼프에게도 노화는 큰 리스크다.

바람

그만큼 변화를 원하는 목소리도 커진다. 비즈니스 인사이더와 모닝 컨설트가 미국 성인을 대상으로 "현재 정치 지도자의 나이가 문제라고 생각하느냐"고 묻자 전체 응답자의 78퍼센트가 그렇다고 답했다. 지도자의 나이에 따른 의회 임기 제한과 건강 검진 의무화는 압도적인 지지를 얻었다. 네 명 중 세 명은 의회 연령 제한 도입을 선호했고, 공화당과 민주당, 모두 비슷한 정도의 문제의식을 공유했다. 그들이 원하는 젊음의 이유는 명확했다. 기술과 시민권, 에너지, 환경 등 미래와 밀접한 이슈가 과거 사람들의 손에 맡겨져

있다는 것이 이유로 꼽힌다. 특히 트럼프 전 대통령보다
네 살이 더 많은 바이든 대통령에게는 '나이'가 더 큰 방해
요소다. ABC 방송사가 조사한 결과, 조 바이든 미국 대통령이
재선하기에는 너무 나이가 많다고 생각하는 미국인이
86퍼센트에 달했다. 트럼프의 경우에는 62퍼센트였다.

변화는 가능할까

현실은 요원하다. 한 조사에 따르면 미국인 중 절반이 꼽는
이상적인 대통령의 연령은 51~65세였다. 응답자 중 4분의
1은 50세 이하의 대통령 후보자를 선호했다. 그럼에도
불구하고 2020년 바이든과 트럼프를 포함한 여덟 명의
대선 후보 중 다섯 명은 65세를 훨씬 넘었다. 의회에서도
마찬가지의 일이 일어난다. 미국 상원의원 100명 가운데
베이비부머 세대가 66명, 78~95세를 이르는 침묵의 세대가
여덟 명이다. 중요한 요소는 선택의 창이 열려있느냐의
여부다. 공화당 여론 조사원인 위트 아이레스(Whit Ayres)는
"사람들은 80대에는 누구도 대통령이 돼서는 안 된다고
말하지만 그것이 유일한 선택이라면 어쩔 수 없다"고 말했다.

누구도 원치 않는 대결

인기 없는 후보 두 명이 서로를 당선시킬 수는 없다는 유일한
목적 아래에서 대결한다. 새로운 얼굴이 등장할 수 없는
정치는 조용히 늙거나, 낡아갈 뿐이다. 그래서일까. 미국
국민은 바이든도, 트럼프도 뽑고 싶지 않다. 미국인의 3분의
1만이 바이든 대통령을 호의적으로 보고 있다. 트럼프는 세
번 연속 공화당 후보로 압도적 지지를 받고 있지만, 전반적인
지지율은 바이든보다 낮다. 유권자의 60퍼센트는 트럼프를
복귀시키고 싶지 않아 했고, 65퍼센트는 바이든의 재선을
원치 않았다. 늙은 후보에 대한 우려가 정치 자체에 대한
회의를 낳는 상황이다.

소련의 노인 정치

붕괴 직전, 소련의 마지막 수십 년은 늙은 정치인들로
가득했다. 그들은 변화를 거부했다. 가장 어린 소련
지도자였던 54세의 미하일 고르바초프는 1991년 12월
사임 연설에서 "새로운 체제가 작동하기 전에 낡은 체제가
무너졌고 사회의 위기는 더욱 심각해졌다"고 표현했다.

고르바초프의 젊은 얼굴은 낡고 늙은 시스템을 바꾸기에는 무력했다. 문제는 늙거나 어린 몇몇 정치인의 존재와 부재 자체가 아닌, 새로운 얼굴을 받아들이지 못하는 기능 부전에 있을지 모른다.

IT MATTERS

늙은 정치인에게는 젊은 정치인에게서 찾아볼 수 없는 지혜와 능력이 존재한다. 《뉴욕타임스》는 후보의 나이에 집착하는 것보다 그 후보가 정말로 이 일을 해낼 역량이 있는지를 따지는 게 훨씬 더 합리적이라고 지적했다. 노화는 말실수와 주름처럼 표면으로밖에 드러나지 않기 때문이다. 그러나 그러한 지적에 앞서 살펴야 할 것은 그 역량을 따지는 일이 어떻게 가능할지의 문제다.

나이 많은 국회의원들은 이미 정치계에서 탄탄한 입지를 갖추고 있다. 인지도뿐 아니라 캠페인에서의 자금 조달력도 젊은 후보와는 비교하기 어렵다. 캠페인에 쏟을 수 있는 돈, 나이로만 쌓을 수 있는 경력, 외부의 초빙으로만 만들어지는 새로운 얼굴이 가득한 정치판에서 우리는 정말로 나이와 경력 이외의 '역량'을 따질 수 있을까? 어쩌면 이 역량을 판단할

수 없다는 난점이 지금 미국 대선의 선택지를 만들었을지
모른다.

국민의힘 공천관리위원회는 현역 국회의원에 대한
교체지수를 적용하고 3선 이상 중진 의원에 대한 감산 페널티
등을 포함한 22대 총선 공천 룰을 내세웠다. 3선 이상 중진은
15퍼센트 감점되고 신인은 20퍼센트 가점된다. 새로운
정치를 위해서다. 질문은 남았다. 신인을 많이 뽑는다고,
정치가 새로워질 수 있을까? 낡은 정치에 필요한 건 젊은
얼굴이 아니다. 주름 가득한 얼굴에서도 새로운 미래와
기준을 발견할 수 있는 가능성 그 자체다.

기부금의 정치학

팔레스타인 무장 정파 하마스와 전쟁을 치르고
있는 이스라엘이 또 다른 전쟁에 나섰다. 상대는
UN(국제연합)이다. 정확히는 UN 산하의 국제기구,
UNRWA(UN 팔레스타인 난민 구호 기구)가 타깃이다.
이스라엘은 UNRWA 직원들이 작년 10월 하마스의 이스라엘
기습 공격에 연루됐다는 의혹을 제기했다. 미국을 비롯한
주요 유럽 국가들이 속속 UNRWA에 대한 재정 지원을
중단했다. 신아람이 썼다.

전쟁을 시작한 것은 하마스였지만, 국제 사회의 비난은
이스라엘을 향했다. 가자 지구의 주민들에 대한 무차별적인
봉쇄 작전에 '인도주의'가 오랜만에 힘을 얻었던 것이다.
하지만 그 인도주의가 실질적인 지원으로 환전되지 않으면
소용이 없다. UNRWA에 대한 이스라엘의 의혹 제기는 이를
간파한 전략이다. 여론을 만들고 정치적 결론을 뒤집으며
전쟁의 승패를 가르는 결정적인 열쇠, '기부금'은 지금 이
세계를 움직이는 중요한 힘이다.

클라우딘 게이 하버드대 총장, 리즈 매길 펜실베니아대 총장, 파멜라
나델 아메리칸대 역사 및 유대학 교수, 샐리 콘블루스 매사추세츠공대
총장 등이 2023년 12월 5일 미국 하원 교육 및 노동위원회에서 캠퍼스의
반유대주의에 관해 증언하고 있다. 사진: Kevin Dietsch, Getty Images

부르디외의 자본

돈은 '경제 자본'이다. 취향과 지식은 문화 자본, 인맥은 사회 자본이다. 각 자본이 일정 이상의 사회적 인정을 받게 돼 존경과 명예 등을 획득하게 되면 '상징 자본'이다. 일종의 영향력이라고 할 수 있다. 기부는 경제 자본을 상징 자본으로 환전하는 방법이다.

카네기의 기부

돈을 어느 정도 써야 그러한 '환전'이 가능할까. 사례를 살펴보면 알 수 있다. 19세기 미국 사업가 앤드루 카네기는 현대적인 의미의 '슈퍼 리치'의 시조새쯤 되는 인물이다. 스코틀랜드 이민자 출신으로, 자수성가하여 '철강왕'의 자리에 오른다. 그는 동시에 '기부왕'으로도 잘 알려져 있다. 생전 3억 5000만 달러를 기부했다. 현재 가치로는 62억 달러에 해당하는 돈이다.

환전 사례

카네기는 기부의 목적을 확실히 했다. 도서관과 교육이
그것이다. 제대로 된 교육을 받지는 못했지만, 도서관을 통해
지식을 채울 수 있었던 카네기의 성장 배경이 작용했다.
미국에만 2500여 개의 도서관을 지었다. 대학 등 고등 교육
기관에도 통 큰 기부를 아끼지 않았다. 카네기 공과대학,
카네기 멜런 대학교, 카네기 홀 등이 그 결과물이다. 이를 통해
문화계 인사, 철학자 등과 교류하게 됐고 시민들의 인정도
받게 됐다. 상류 사회의 문이 열렸다. 정치적 영향력도 생겼다.
실제로 카네기는 프랭클린 루스벨트 대통령 등 다수의
정치가에게 자신의 의견을 피력하고, 조언하고, 강의했다.
신문과 잡지를 통해 관세나 노동 문제, 노조 등에 관해서도
이야기할 기회를 만들었다.

빌 게이츠의 차이

빌 게이츠도 기부를 통해 영향력을 획득한 슈퍼 리치다. 카네
기처럼, 그의 기부 목적도 확실하다. 기술을 통해 질병과 기아
를 해결하겠다는 것이다. 그런데 19세기 카네기의 기부와 게

이츠의 기부 사이에는 결정적인 차이가 존재한다. 영향력을 행사하는 방법이다. 인맥과 존경을 통해 발언권을 얻게 되었던 카네기와는 달리, 빌 게이츠는 직접 결정권을 휘두른다.

Philanthrocapitalism

질병은 많다. 그만큼 세계보건기구(WHO)도 수많은 과제를 안고 있다. 우선순위는 어떻게 정해져야 할까. 혹은 누가 정해야 할까. 2015년 기준으로 '빌 앤드 멀린다 게이츠 재단'은 WHO 예산의 11퍼센트를 제공했다. 영국 정부가 공여한 금액의 14배에 해당하는 금액이다. 프랑스의 저널리스트 리오넬 아스트릭은 저서 《빌 게이츠는 왜 아프리카에 갔을까》에서 WHO의 2011년 소아마비 퇴치 운동을 비판한다. 게이츠의 관심 분야인 소아마비 퇴치 운동에 집중하느라 나이지리아, 인도, 파키스탄 등의 국가에서 파상풍, 백일해, 홍역 등 압도적으로 더 많은 아동을 위협하는 질병들에 대한 관리가 소홀해졌다. 현장에서는 아이들이 홍역으로 죽어 나가는데 왜 소아마비 백신을 놔 주느냐는 이야기가 나왔다.

사업하듯, 정치하듯

이것이 자선 자본주의(Philanthrocapitalism)다. 사업하듯 기부한다. 확실한 혁신을 목표로 한다. 그러나 그 혁신의 형태와 크기 모두 슈퍼 리치 개인의 선호에 따라 결정된다. 때로는 그 혁신의 목적이 영리와 닿아 있기도 한다. 백신의 개발과 보급에 집중적으로 기부하는 부호가, 실은 제약 회사의 투자자라든가 하는 식이다. 정치적인 대립과 갈등이 심화하고 있는 2020년대에는 자선 자본주의가 정치적으로 기능하는 경향이 도드라진다. 정치하듯 기부하는 것이다. 특히 이스라엘과 하마스의 전쟁은 상징적인 장면들을 만들어 냈다.

기부금의 힘

하버드 대학의 클로딘 게이 전 총장의 사퇴도 깊은 인상을 남긴 장면이었다. 하버드대 최초의 흑인 여성 총장이었다. 게이 전 총장을 비롯한 미국 아이비리그 대학의 총장들은 2023년 12월, 미 하원 청문회에 출석해 '유대인을 죽이자' 등 학내 일부 학생들의 발언에 관해 집요하게 추궁당했다. 게이 총장은 '표현의 자유'를 인정한다며 맞섰고, 그 결과는 유대인 및 친이

스라엘계 기부자들을 중심으로 한 퇴진 요구였다. 버틸 수가
없었다. 하버드는 지난해 대학 수입 중 45퍼센트를 기부금으
로 충당했다.

IT MATTERS

어쩌다 이렇게 됐을까. 기부의 힘이 달라졌다기보다는 부의
분배가 달라졌을지도 모른다. 미국의 경우 전체 기부자 중
100달러 이하를 기부하는 '소액' 기부자의 비율이 60퍼센트를
차지한다. 그러나 금액으로 따지면 이들의 기부는 3퍼센트에
불과하다. 경제 자본이 상징 자본으로 직접 환전되는 사회 분
위기도 한몫했을 수 있다. 소셜 미디어에서 슈퍼 리치는 쉽게
인플루언서가 된다. 돈으로 가치와 영향력을 직접 살 수 있다
는 생각이 저항 없이 받아들여지고 있다는 얘기다.
옳고 그름, 가해자와 피해자의 경계를 결정할 권한이 기부금,
즉 경제 자본에 직접 주어지면 무슨 일이 또 벌어질 수 있을까.
캐나다의 온타리오 미술관에서는 사상 첫 '원주민 예술 수석
큐레이터'가 사직했다. 소셜 미디어에 올려왔던 팔레스타인
지지 게시물 때문이었다. 캐나다 원주민의 경험과 고향을 잃
은 팔레스타인 경험의 연관성에 주목했던 큐레이터의 관점이

문제가 됐다.

이제 더 이상 온타리오 미술관에서는 그 소수자성에 기반한 관점을 만날 수 없다. 미술이 무엇에 주목할 것인지, 무엇을 표현하고 어떻게 경험될 것인지에 관해 미술관은 막강한 권력을 행사한다. 그러나 미술관에 막강한 권력을 행사하는 것은 기부자들이다. 시민이 미술관에서 무엇을 발견하고, 어떤 사유를 얻어갈지도 기부금의 영향력 아래에 놓인다.

뇌에 칩을 심었다

일론 머스크가 설립한 뇌신경 과학 스타트업 뉴럴링크(Neuralink)가 사람의 뇌에 칩을 심었다. 지난해 5월 미국 식품의약국(FDA)으로부터 임상 시험 승인을 받고 9월부터 참가자를 모집했는데, 5개월 만에 첫 수술이 이뤄졌다. 1월 29일 머스크는 엑스에 이 소식을 알렸다. "어제 첫 환자의 뇌에 칩을 이식했다. 환자는 잘 회복하고 있다. 초기 결과는 조짐이 괜찮은 뉴런 탐지를 보여 준다." 이연대가 썼다.

뉴럴링크는 뇌에 칩을 심어 생각만으로 각종 기기를 제어할
수 있는 뇌-컴퓨터 인터페이스를 개발하고 있다. 영어로는
Brain-Computer Interface, 앞 글자를 따서 BCI라고 한다.
머스크는 앞으로 BCI를 통해 하반신이 마비된 사람이 걸을 수
있고, 선천적인 시각 장애인이 앞을 볼 수 있고, 나아가 사람의
기억을 다운로드할 수 있게 될 거라고 주장한다. BCI 기술은
어떻게 작동할까. 어디까지 왔을까. 어디로 향할까.

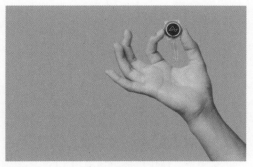

뉴럴링크가 개발한 N1 칩. 이 칩을 뇌에 이식해 뉴런이 주고받는 전기
신호를 수집한다. 사진: 뉴럴링크

뇌-컴퓨터 인터페이스

2016년 일론 머스크는 차에서 엄지손가락으로 아이폰에
타이핑을 하다가 시간이 너무 오래 걸려 불편함을 느꼈다.
하고 싶은 말을 자판을 거치지 않고 기계로 곧바로 입력할
수는 없을까. 뇌 신호를 컴퓨터로 직접 보내고, 컴퓨터가
처리한 정보를 액정 화면이 아닌 뇌로 직접 받을 수 있다면
지금보다 정보의 입출력이 100만 배는 빨라지지 않을까.
말 그대로 인간과 기계의 공생이 가능해지지 않을까. 그해
말 머스크는 신경 과학자와 엔지니어를 모아 뉴럴링크를
설립한다.

게임하는 원숭이

설립 5년 뒤인 2021년, 머스크는 3분 27초짜리 실험 영상을
공개했다. 원숭이가 뇌 활동만으로 공놀이 비디오 게임을
하는 모습이었다. 실험 과정은 이랬다. ①원숭이의 뇌에
칩을 심는다. ②원숭이에게 조이스틱을 움직여 게임하는
방법을 가르친다. ③게임을 하는 동안 뇌에서 발생하는 신경
정보를 칩으로 수집하고 해독한다. ④뇌에서 특정 신경

정보가 감지되면 게임기에 특정 동작이 입력되도록 한다.
⑤조이스틱의 코드를 뽑는다. ⑥원숭이는 전원이 연결되지
않은 조이스틱을 조종하는데, 커서가 움직인다. 이번에
FDA의 승인을 얻어 임상 시험에 들어간 바로 그 기술이다.

뇌 임플란트

사람과 동물은 신경 세포인 뉴런을 통해 신체를 작동시킨다.
예를 들어 내 머리를 향해 야구공이 날아온다고 가정하자.
눈이라는 감각 기관이 공을 감지하면 감각 뉴런이 전기
신호의 형태로 연합 뉴런에게 정보를 보낸다. 연합 뉴런은
위험하다는 판단을 내리고 머리를 숙여 피하라는 전기
신호를 운동 뉴런으로 보낸다. 운동 뉴런이 이 신호를 근육에
전달하면 목 근육이 움직이며 공을 피하게 된다. 뉴럴링크는
뇌에 칩을 심어 뉴런이 전달하는 이런 전기 신호를 수집하고
해독하는 기술을 개발하고 있다. 뉴럴링크는 이걸 '뇌
임플란트'라고 부른다.

칩

뇌에 심는 칩은 동전만 한 크기다. 칩에는 가느다란 선 64개가 연결돼 있다. 이 선에는 전극 1024개가 붙어 있는데, 이 전극을 통해 뇌의 전기 신호를 감지한다. 선은 사람 손으로 다룰 수 없을 정도로 가늘어서 뇌 임플란트 전용 수술 로봇이 있다. 재봉틀처럼 생긴 로봇이 환자의 두개골에 구멍을 내고, 운동 명령을 내리는 대뇌 피질에 칩을 심고 한 땀 한 땀 꿰매듯 뇌와 선을 연결한다. 칩은 뉴런의 전기 신호 데이터를 포착한 다음, 뉴럴링크 앱으로 무선 전송한다. 칩에는 소형 배터리가 부착돼 있는데, 무선 충전할 수 있어 반영구적으로 사용 가능하다.

디코딩

전기 신호 데이터가 앱에 충분히 쌓이면 AI가 데이터를 분석해 사용자의 의도를 디코딩한다. 예를 들어 상반신이 마비된 사람이 마우스 커서를 오른쪽으로 옮기고 싶다고 생각하면 이때 뇌에서 발생하는 고유한 전기 신호 패턴이 있다. 뉴럴링크의 AI가 그 패턴을 학습해 전기 신호만으로

사용자의 의도를 파악하고, 외부 전자 기기에 명령을 전송해
마우스 커서를 오른쪽으로 옮기는 식이다. 이론상 이 기술을
이용하면 다리가 마비된 사람이 로봇 다리를 장착하고
생각만으로 로봇 다리를 움직여 걸을 수 있다.

임상 시험

SF 영화에나 나올 법한 기술인데, FDA는 지난해 5월
뉴럴링크의 임상 시험을 승인했다. 환자가 얻을 수 있는
이익이 임상 시험의 위험보다 더 크다고 봤다. 머스크는
뉴럴링크 기술을 이용하면 척수를 다친 사람도 걸을 수
있고, 시각 장애를 가진 사람도 앞을 볼 수 있다고 강조해
왔다. 실제로 이번 임상 시험의 대상도 경추 척수 손상이나
루게릭병으로 사지가 마비된 사람이었다. 뉴럴링크는 이들이
생각만으로 핸드폰이나 컴퓨터를 사용할 수 있도록 하겠다는
것이다.

영생

임상 시험의 명분은 중증 장애와 불치병 치료였지만,

머스크의 최종 목표는 BCI 기술을 비장애인에게 적용해
인간 능력을 향상하는 것이다. 머스크는 언젠가 사람의 뇌를
인터넷에 업로드하고 로봇에 다운로드하는 것도 가능해질
것이라고 주장한다. 그렇게 되면 사람은 죽지도 않고
병에도 걸리지 않는다. 영생이다. 머스크는 인류가 인체를
통해 존재하지 않게 되면 "지금과는 완전히 다른 존재가 될
것"이라고 말한다. 그러면서도 기억과 자아가 여전히 머물러
있다면 그것 또한 자신이라고 할 수 있다고 말한다.

IT MATTERS

우리는 뇌를 모른다. 우주처럼 아는 것보다 모르는 것이 훨씬
많다. 뇌 임플란트에 기대도 많지만, 우려도 많은 이유다.
기술 측면에선 전극이 오작동하거나 배터리가 과열해 피질이
손상될 수 있다. 보안 측면에선 뇌 데이터가 해킹될 수 있다.
실제로 2017년 FDA는 한 업체의 심장 박동기가 해킹 위험이
있다며 리콜 조치를 내리기도 했다. 법적인 물음도 많다.
예컨대 뇌 임플란트가 사용자의 의도대로 움직이지 않았다면
사용자가 한 말이나 행동에 누가 책임을 져야 할까. 인간
존재에 대한 근본적인 물음도 있다. 사람과 기계가 결합하면

어디까지가 사람일까. 뉴럴링크의 이번 임상 시험은 6년간 진행될 예정이다. 비의학적인 용도로 사용되려면 최소 20년은 걸릴 것이다. 그사이 우리는 이 질문들에 답해야 한다.

비둘기와 함께 살 용기

지난 1월 20일부터 서울 지하철 2·6호선 합정역 일부
출입구에 독수리 사진이 붙었다. 비둘기를 쫓기 위해서다.
신임 역장의 아이디어지만, 전문가들은 효과가 없다고
말한다. 새들이 처음에는 놀랄 수 있지만, 움직임이 없다는
사실을 학습한다는 것이다. 신아람이 썼다.

전 세계의 55퍼센트 이상이 도시다. 인간의 편리한 생활을 위해 공들여 설계하고 건설하지만, 동물이 살 수 있도록 계획된 공간은 아니다. 그러나 도시에도 동물은 산다. 전문가들은 비둘기가 지하철 역사 안으로 들어오는 것을 막으려면 출입구를 막는 수밖에 없다고 이야기한다. 도시 전체를 틀어막을 방법이 없다면, 도시에서 함께 살아가는 존재들에 관해 이해할 필요가 있다.

2020년 5월 6일 코로나19 사태로 텅 빈 광장을 점령한 비둘기의 모습.
사진: Chung Sung-Jun, Getty Images

유해 동물

비둘기의 법적인 지위는 '유해 동물'이다. 지난 2009년, 시민과 건물에 피해를 준다는 이유로 지정되었다. 비둘기가 시민에게 피해를 줄 경우 포획할 수 있다. 개체수 조절을 위해 적극적인 조치도 이루어진다. 먹이를 통제하거나 기피제를 살포하고, 물리적인 방해물을 설치하기도 한다. 비둘기뿐만이 아니다. 참새나 까치, 꿩, 고라니, 두더지 등도 유해 동물이다. 농림수산업에 재산상 피해를 유발하기 때문이다.

동물의 5대 자유

우리나라 동물보호법에는 동물 보호의 기본 원칙이 제시되어 있다. 국제적으로 통용되는 동물의 5대 자유에 근거한 원칙이다. ①본성과 몸의 원형을 유지하며 살 자유, ②갈증과 굶주림을 겪지 않을 자유, ③정상적으로 행동하며 표현할 자유, ④고통, 상해, 질병으로부터의 자유, ⑤공포와 스트레스로부터의 자유 등이다. 주무 부처는 농림축산식품부다. 그러나 유해 동물은 계급이 다르다. 적용되는 법은 야생생물법이다. 주무 부처는 환경부다.

지자체장의 재량으로 포획하고 개체수를 조정한다. 보호
대상이라기보다는 환경에 유해해 관리해야 할 대상이라는
얘기다.

손에 손잡고

결국, 유해 동물은 일종의 '2등 시민'이다. 도시의 비둘기는
어쩌다 2등 시민, 민원과 혐오의 대상이 되었을까. 가끔
보일 때엔 비둘기도 사랑받았다. 평화의 상징이기도 했고,
강한 귀소 본능 덕에 메신저의 역할을 하기도 했다. 그러나
개체수가 급증했다. 우리나라에서는 1986년의 아시안게임과
1988년의 올림픽 등에 대거 동원되고 방사됐던 것이 계기다.
비둘기가 스스로 날아와 도시에 자리 잡은 것이 아니다.
이들을 불러들인 것은 인간이다.

도시 착취종

동물에게 도시는 살 만한 곳일까. 그렇다. 원래 도시는 인간이
살기 좋은 곳에 생긴다. 기후가 온화하고 식량과 물을 구하기
쉬운 곳이다. 당연히 생물학적으로도 풍성했을 터이다.

아무리 도시가 들어서고 인간이 몰려와도 그 조건이 크게 달라지지는 않는다. 오히려 인간이 버리는 음식물 쓰레기와 도시가 내뿜는 열기는 일부 동물에게는 생존과 번식에 좋은 조건이 된다. 환경학자 피터 알레고나는 집쥐나 참새, 그리고 비둘기 등은 '도시 착취종'이 되었다고 설명한다. 도시의 조건을 충분히 활용해 번성하며 좋든 싫든 인간과 밀접한 관계를 유지한다.

침입자는 누구?

인간 입장에서는 '도시 착취종'이 침입자이며 경계 바깥으로 밀어내야 할 존재다. 그러나 동물의 터전에 도시를 세운 것은 인간이다. 오히려 동물이 인간과의 공생을 받아들였다고 볼 수도 있다. 일부 개체에 유리한 환경을 만든 것도 인간이다. 도시에는 풀보다 나무가 훨씬 많다. 나무의 품종도 플라타너스, 은행나무 등 제한적이다. 다양성이 부족하니 먹이사슬이 가늘어진다. 풀을 먹고 사는 곤충, 곤충을 먹는 양서류나 파충류 등은 도시에서 배제된다. 도로나 빌딩 등의 방해를 상대적으로 덜 받는 조류는 육상 동물보다 생존에 유리하다. 이렇게 도시의 생태계는 왜곡된다.

독수리 사진

결국 인간이 만들어 낸 비정상적인 먹이 사슬의 한중간에 도시의 비둘기들이 존재한다. 문제는 우리가 그들을 너무 모른다는 점이다. 합정역에 붙은 독수리 사진이 인간의 무심함을 상징한다. 비둘기는 바보가 아니다. 그들의 수명은 20년이며 목욕을 좋아하고 귀소본능이 강해 자신의 영역을 좀처럼 벗어나지 않는다. 게다가 비둘기는 음식물 쓰레기를 먹어 치우는 역할을 통해 도시의 하수 처리 비용을 부담한다. 이 모든 것을 잘 알고 난 뒤에야 비둘기와 어떻게 공존할 수 있을지를 고민할 수 있다. 개체수를 조절해야 한다고 해도 마찬가지다. 얼마의 예산으로 얼마의 비둘기를 불임 상태로 만들 것인지 합리적으로 결정하려면, 이와 같은 이해 없이는 불가능하다.

종차별주의

다만, 비둘기를 이해하려는 노력이 부재한 데에는 이유가 있다. 인간의 고약한 버릇, '종차별'이다. 동물보호법에는 여러 동물이 등장한다. '유기 동물', '피학대 동물', '맹견'은

물론이고 '봉사 동물', '반려동물'도 있다. 야생생물법에는
'멸종위기종'이 등장한다. 그리고 비둘기의 계급은 '유해
동물'이다. 반려동물과 비둘기 사이의 간극은 무엇일까.
인간이 돈을 주고 소유하게 된 동물이 아니라서, 인간이
감상하며 사랑하기에는 개체 수가 너무 많아져서
비둘기에게는 '유해'라는 딱지가 붙었다. 효용으로 자연을
바라보고 경계를 가른다. 인종으로, 성별로, 계급으로 사람을
차별하는 행태와 크게 다르지 않은 시선 아닐까.

IT MATTERS

도시 동물과 인간의 공존은 불가능할까. 그 가능성을
점쳐보기 위해 다양한 시도와 연구가 진행 중이다. 예를 들어
싱가포르의 네이처 웨이(nature way)는 사람이 다닐 길을
낼 때 숲의 생태계를 최대한 모방해 길 양옆으로 다양한
나무를 심은 것이다. 다양한 조류와 나비 등의 곤충의 터전을
최대한 보존하는 방식이다. 도시의 일부를 자연환경에 내주는
방식도 제안된다. 인도의 일부에 다양한 풀을 심거나 폐쇄된
군사 시설 및 쓰레기 매립지 등을 다양한 동식물의 터전으로
만드는 식이다.

너무 많아진 비둘기 같은 개체는 어떨까. 논란이 있지만 동물
단체를 중심으로 불임 사료 공급 등으로 개체수를 조절하는
방법이 제안된다. 다만, 지자체에서 단기적인 민원 대응에
치중하다 보니 실제 시행되는 경우는 많지 않다. 본격적인
조치에 나선다 해도 그다음이 문제다. 비둘기와 인간 사이의
거리는 어느 정도가 적당할지, 인간의 도시를 어느 정도 도시
동물과 공유할 준비가 돼 있는지에 관한 논의가 필요하다.
길고양이와, 들개와 어떻게 지낼 것인지 결정하지 못한 채
논란만 키워 오고 있는 현실을 반면교사 삼을 필요가 있다.

매킨토시 비긴즈

애플의 PC 라인업, Mac 시리즈가 불혹을 맞았다. 1984년 스티브 잡스가 매킨토시(Macintosh)라는 이름으로 발표했던 모델이 모든 전설의 시작이다. 스마트폰 시대를 거치며 PC 시장은 한풀 꺾인 모양새지만, 내년 출시가 예상되는 애플의 새로운 Mac 라인업에 전문가들은 주목하고 있다. AI 전용 칩이 탑재된 'AI Mac'이 등장할 것이라는 기대 때문이다. 신아람이 썼다.

애플만큼 성공적으로 혁신의 아이콘이 된 기업은 없다.
우리의 현대는 아이폰과 함께 새로 시작됐기 때문이다.
그러나 그 이전까지의 현대를 만든 것은 PC였고, PC의 시작은
바로 매킨토시다. 무엇이 특별했을까. 아름다운 디자인에
녹아들어 있는 그 혁신의 정체를 알면, 다음 혁신의 단초가
보일지도 모른다.

1984년 1월 24일, 미국 캘리포니아주 쿠퍼티노, 애플의 매킨토시에
기대어 포즈를 취한 스티브 잡스(왼쪽). 사진: Cap Carpenter,
MediaNews Group, The Mercury News, Getty Images

태초의 PC

매킨토시 이전의 PC 사용 경험은 지금과 전혀 달랐다.
그래픽이 거의 없었고 마우스도 거의 사용되지 않았기
때문이다. 1984년 이전까지의 PC는 다 그랬다. CLI(Character
User Interface), 명령줄 인터페이스의 시대였기 때문이다.
DOS(Disk Operating System)와 같은 운영 체제를 사용한다
치면 'COPY', 'DEL', 'DIR' 등의 명령어를 입력해 구동시켰다.
마우스로 클릭할 휴지통 아이콘은 없었다. 따로 공부해야 쓸
수 있는 기계였던 셈이다.

애플이 최초로 내놓은 PC, 'APPLE I'

그 장벽을 무너트린 것이 1984년 출시된 매킨토시였다.
매킨토시는 GUI(Graphical User Interface), 즉 그래픽
사용자 인터페이스 시대를 연 제품이다. 파일을 삭제하려면
명령어를 입력하는 대신 휴지통 아이콘을 클릭하면 된다.
최초의 PC도 아닌데, 게다가 한동안은 시장의 외면을
받기까지 했는데 40년간이나 살아남은 이 독보적인 PC는
사실, 컴퓨터를 모두의 도구로 변모시킨 혁신이었다. 그리고
그 혁신의 가치를 알아본 사람이 스티브 잡스다.

애플이 1984년 내놓은 매킨토시의 지면 광고

사실, 초기 애플 제품들을 만든 사람은 애플의 공동
창업자였던 천재 엔지니어, 스티브 워즈니악이었다.
반면, 스티브 잡스는 엔지니어라기보다는 아티스트였고,
경영자라기보다는 기획자였던 사람이다. 그래서 제록스의
팔로 알토 연구소를 방문했을 때 작업창, 아이콘, 메뉴, 마우스
포인터 등을 포함한 GUI를 발견하고, 그 가치를 알아볼
수 있었다. 직관적인 유저 인터페이스라는, 당시 컴퓨터를
만들던 그 누구도 생각하지 못했던 가치다. 제록스는 혁신이
되지 못하고 매킨토시는 혁신이 될 수 있었던 이유는 스티브
잡스라는 독특한 사람의 혜안 덕분이었다.

제록스 PARC가 1973년에 연구 목적으로 만든 개인용 컴퓨터 '제록스
알토(Alto)'

계산기 이상의 PC

GUI의 도입은 PC의 가능성도 크게 확장시킨다. 사실
컴퓨터는 계산기였다. 좀 더 넓게 보자면 데이터 처리
기기였다. 그런데 이제 디자인 영역으로도 가능성이
확장된다. 예를 들면 지금 출판 시장을 거의 독점하고 있는
레이아웃 프로그램, 어도비의 '인디자인'의 전신인 '페이지
메이커' 같은 프로그램의 구동이 가능해진 것이다. 이뿐만이
아니다. 매킨토시는 고유의 막강한 정체성도 드러냈다. 아니,
드러났다는 표현이 더 정확할지도 모르겠다. 바로 '아름다운
디자인'이다.

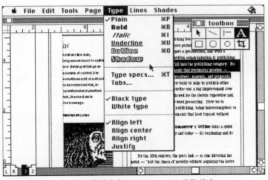

Adobe의 Indesigne 프로그램 전신인 Aldus Pagemaker 구동 화면

잡스가 사랑한 디자인

사실, 잡스는 '소니(SONY)'의 디자인을 사랑했다. 검정과
은색을 기본으로 깔끔하게 각진 제품 디자인은, 전 세계 전자
제품 시장을 지배했던 소니의 상징과도 같았다. 특히, 소니가
1975년 독일의 전자 회사 베가(Wega)를 인수한 이후 그
디자인은 한층 유려해진다. 그래서 잡스는 베가의 디자인
브레인을 영입했다. 바로 애플의 1세대 디자이너, 하르트무트
에슬링거다. 하지만 정작 잡스가 그에게 요구했던 것은
소니의 DNA가 아니었다. 브라운의 DNA였다.

하르트무트 에슬링거가 디자인한 베가의 'system 3000'

탈소니 선언

잡스는 1983년, 사내 연설에서 소니의 스타일은 위대하지
않다며 "브라운사의 전자 기기에서 느낄 수 있는 느낌을
제공하고자 한다"고 선언한다. 우리가 알고 있는
전기면도기의 명가, 그 브라운이다. 다만, 당시의 브라운은
그 입지가 지금과는 달랐다. 디자이너들의 디자이너로
불리는 디터 람스의 미니멀한 디자인으로 명성을 날렸다.
그의 대표작이 '백설공주의 관'으로 불리는 복합 음향 기기
'SK 5'다. 수많은 전자 제품에 영감을 주었다. 디터 람스의
디자인 10원칙에는 시대의 기획자 스티브 잡스가 반할 만한
요소가 녹아들어 있다. 이를테면, 좋은 디자인은 가능한
한 최소한으로 디자인한다, 좋은 디자인은 제품의 이해를
돕는다, 좋은 디자인은 제품을 유용하게 한다.

디터 람스의 대표작 'SK 5'

백설공주 디자인

잡스의 디자이너 에슬링거는 그 선언에 화답했다. 그가
확립한 '백설공주 디자인 언어'에는 누가 봐도 확연하게 디터
람스의 영향이 묻어나 있다. 에슬링거가 만든 디자인 원칙은
1990년대 이전 애플 제품의 정체성이라 할 수 있다. 밝은
회색과 베이지 색상을 기본으로, 군더더기 없는 외형에 얇은
직선이 제품 표면을 채운다. 매킨토시 시리즈도 바로 이러한
원칙하에 만들어졌다. 군더더기 없이 제품의 이해를 돕도록,
제품이 더 유용하도록.

'백설공주 디자인 언어'가 적용된 대표작, 매킨토시 SE

디터 람스 디자인의 뿌리는 바우하우스에 있다. 파울 클레, 오스카 슐레머, 바실리 칸딘스키, 라슬로 모호이 너지 등 당대 최고의 예술가들이 교수진을 맡았던, 20세기의 예술을 이야기할 때 빼놓을 수 없는 곳이다. 1919년에 설립됐다가 나치의 박해로 1933년 폐교된다. 이 짧은 역사 동안, 이곳의 목표는 새로운 시대에 맞는 예술이었다. 대량 생산이라는 시대적 변화에 맞는 아름다움을 만들고자 했던 것이다. 디터 람스의 디자인에도 이런 정신이 녹아들어 있다. 이런 철학을 바탕으로 탄생한 디자인이야말로, 세계를 바꾼 혁신의 제품에 어울리는 것 아닐까.

하르트무트 에슬링거의 뒤를 이은 애플의 디자인 심장, 조너선 아이브스도 디터 람스를 흠모한다는 사실을 숨기지 않았다. 오랜 침체기를 지나 iMac G3으로 화려하게 부활한 매킨토시의 제2의 전성기는 조너선 아이브스의 디자인에서 나왔다. 그리고 그 디자인 철학은 스티브 잡스의 애플 복귀를 알렸던 iMac 이후 Mac이 추구했던 전략과 닮아 있다. 혁신적으로, 그러나 대중에게 더 가까이.

잡스는 피카소가 남긴 "유능한 예술가는 모방하고, 위대한 예술가는 훔친다(Good artists copy, great artists steal)"는 이야기를 자주 했다고 한다. 실제로 그는 PARC의 GUI를 사왔고 디터 람스의 디자인을 훔쳤다. 그리고 그게 혁신이 됐다. 팀 쿡은 훌륭한 관리자이며 리더이지만, 잡스 같은 기획자는 아니다. 애플은 혁신을 잃어버렸다는 평가에 직면해 있다. 지금 애플에 부족한 것은 최첨단의 기술이 아닐지도 모른다.

TV가 된 소셜 미디어

페이스북이 스무 살 생일을 맞았다. 지난 2월 4일이 꼭 20년 되는 날이었다. 전 세계 인터넷 이용자의 약 60퍼센트가 페이스북을 실질적으로 사용하고 있다. 30억 명에 달한다. 인스타그램과 왓츠앱 등을 삼키며 소셜 미디어 업계의 공룡으로 군림하고 있다. 모회사인 메타의 시장 가치는 1조 달러가 넘는다. 신아람이 썼다.

페이스북에 관해 이야기한다는 것은 이제 휴대폰에 관해
이야기한다는 것만큼이나 당연하고 새삼스러운 일이다.
누군가에게는 낡은 플랫폼이고, 누군가에게는 피하고 싶은
전쟁터다. 그러나 분명, 지난 20년간 페이스북은 세계를
바꿨다. 관계 맺고 소통하는 방식은 물론, 저항하고 정치하는
방식까지 송두리째 달라졌다. 문제는 페이스북도 변했다는
점이다. 아니, 소셜 미디어 자체가 변했다. 이제 소셜한
미디어는 없다.

2004년 11월, 아직 대학생 커뮤니티였던 페이스북의 화면. 사진: Juana
Arias, The The Washington Post via Getty Images

Facemash.com

프로그래밍 실력이 뛰어난 한 학생이 하버드 대학에
입학했다. 이런저런 게임이나 AI DJ 등을 개발하다 하버드
여학생들의 외모를 일대일로 놓고 평가하는, 일종의 '얼평'
프로그램을 공개한다. 학교 서버가 터졌다. 대학 측은 징계
처분을 내렸다. 보안 위반, 저작권 위반, 개인 사생활 침해
등이 사유였다. 징계뿐만이 아니다. 윤리적인 비난까지
따라붙었다. 하지만 스무 살도 되지 않은 이 학생은 이
서비스를 비난받지 않고 지속할 방법을 고안해 낸다. 혹은,
아이디어를 가져왔다. 사용자가 직접 자신의 사진과 이야기를
제공하면 되지 않을까. 그리고 그게 정말 구현됐다. 2004년
2월, 페이스북의 탄생이다.

엘리트의 담벼락에서 모두의 네트워크로

처음엔 하버드 학생들만, 그다음엔 아이비리그 학생들만,
그다음엔 다른 대학의 학생들도. 교내용 프로그램으로 출발한
탓에, 혹은 그 덕에 초기 페이스북 사용자들은 비교적 '똑똑한'
20대에 집중돼 있었다. 가입할 만했고 새로웠으며, 무엇보다

혁신적이었다. 그리고 계속해서 들여다볼 만했다. 2006년 9월, 페이스북은 일반인에게 문을 열었고 2007년 6월에는 첫 아이폰이 출시됐다. 그리고 2012년 5월, 페이스북은 IT 업계 역사상 가장 비싼 기업 가치를 기록하며 주식 시장에 상장한다. 1040억 달러였다.

바꿨다, 모든 것을

페이스북을 비롯한 소셜 미디어는 관계 맺기의 방법을 송두리째 바꿨다. 관계의 단단함은 공유한 시간에 비례해 성장하기 마련이다. 물리적으로 개개인의 시간 자원이 극도로 한정돼 있다는 점을 고려하면, 친밀한 관계 형성을 무한정 하는 것은 불가능했다. 그러나 페이스북의 등장으로 개인의 관계가 디지털로 번역되면서 직접 만나거나 실시간으로 전화 통화를 하지 않아도 일상과 취향, 생각을 공유할 수 있게 됐다. 친밀한 관계 형성이 무한히 증식 가능해진 것이다. 이에 따라 소통의 방법도 달라졌다. 개인 간의 소통은 일대일이다. 영향력이 미미하다. 매스미디어와 개인 간의 소통은 일 대 불특정 다수다. 영향력은 강력하지만, 실제 소통이라 부를 만한 것이 일어날 수 없다. 소셜 미디어는 다르다. 일대 다수의

소통이 실질적으로 기능한다. 그리고 그 소통이 영향력을
만들어 낸다. 네트워크다.

#TownSquare

이게 바로 'Town Square(마을 광장)'의 힘이다. #Arabspring
#MeToo #BlackLivesMatter 그리고 2021년의 미국
국회의사당 점거 사태까지, 20세기 초반의 유물처럼, 혹은
책 속에나 존재하는 유니콘처럼 여겨졌던 '광장 정치'가
해시태그를 타고 그 실체를 드러냈다. 매일의 논쟁이
펼쳐지고 여론이 형성될 적당한 크기의 광장이, 정말 나타난
것이다. 누군가는 당황했고, 누군가는 열광했으며 누군가는
이용했다.

광장의 붕괴

하지만 광장은 점점 커졌다. 연결되고 소통하고자 하는
사람들이 광장에 들어왔던 시대가 끝나고, 광장에 일단
들어와야 얘기가 되는 시대가 도래했다. 개인들의 네트워크가
사회적 영향력이 되었던 소셜 미디어의 모델은 여기서 끝이

난다. 즉, 사람 사이의 연결이 본질이었으며 이것이 콘텐츠 생산과 소비로 연결되었던 '소셜 네트워크'의 시대가 끝나고 본격적인 '소셜 미디어'의 시대가 도래한 것이다. 메타의 인스타그램, 왓츠앱 인수는 그런 트렌드를 미리 읽은 한 수였다. 인스타그램은 '바이럴'에 특화된 앱이다. 콘텐츠가 느슨하고 얄팍한 연결을 통해 흐르고, 또 흐른다. 네트워크가 아니라 미디어다. 페이스북도 그룹, 페이지, 뉴스피드 기능 등을 통해 새로운 경향에 접근했다. 이렇게 소셜 미디어가 네트워크의 역할을 잃게 되면 소통의 범위는 축소되고 다시 개인화된다. 왓츠앱이나 페이스북 메신저, 인스타그램의 DM 등이 이 부분을 담당한다.

TikTok

소셜 미디어의 역할이 변화했다고 페이스북과 메타 입장에서 문제될 것은 없었다. 누구나 모여 있으되 절대 다수가 침묵하게 된 광장에서는 여전히 막대한 돈이 벌리고 있기 때문이다. 메타는 현재 구글의 모회사인 알파벳 다음으로 세계에서 가장 많은 광고를 판매하는 회사다. 그런데 변수가 등장했다. 틱톡(TikTok)이다. 이 새로운 소셜 미디어 앱을 이야기할 때 가장 많이 언급되는 것은 독특한 포맷이다.
1분도 되지 않는 짧은 세로형 동영상이 세계를 사로잡았다는,
'숏폼'의 창조자라는 정체성에 주목한다. 그러나 틱톡의
진정한 위대함은 알고리즘에서 나온다. 인스타그램보다도
더, 틱톡은 네트워크와 상관없는 '미디어'다. 네트워크는커녕
소셜하지도 않다. 틱톡도 팔로우는 할 수 있다. 그러나
틱톡에서 우리가 소비하는 것은 친구의 이야기가 아니라
내 취향에 맞는 스낵이다. 틱톡은 시계를 거꾸로 돌려
페이스북이 탄생하기 이전의 시대로 우리의 미디어 소비
습관을 돌려놓았다. 모두가 수동적으로 텔레비전 앞에 넋을
놓고 앉아 있었던, 그 시대 말이다.

고령화

어느샌가 페친도, 트친도 내 피드의 주인공이 아니다. 이제
모든 곳에 틱톡이 있다. 인스타그램, 유튜브는 물론이고,
페이스북이나 X도 내 취향을 간파한 알고리즘의 추천
콘텐츠로 채워져 있기 때문이다. 네이버의 새로운 모바일
메인 화면도 마찬가지다. 물론, 아직 페이스북은 건재하다.
그러나 그동안 나이 들었다. 페이스북의 시작부터 함께했던

사람들은 이제 중년이다. 십대들은 페이스북을 외면하고 있다. 한때 그곳에 있던 '똑똑한' 20대들도 사라졌다. 그렇다면 2024년의 새로운 논의는 어디서 이루어지나. 전문가들은 그들이 개인화된 메시지 앱이나 소규모 커뮤니티로 이동했다고 이야기한다. 어디 숨겨져 있는 곳들이 아니다. 레딧이나 트위치 같은, 우리가 익히 아는 서비스다. 플랫폼은 하나지만, 각자의 방에서 이야기할 수 있다. 안전한 우리 편끼리 담론이 커진다. 그도 아니면 팔러(parler)와 같이 우리 편을 위한 플랫폼이 생기기도 한다.

IT MATTERS

세계인의 미디어 생활이 소셜 미디어를 중심으로 재편된 가운데, 이제 소셜 미디어는 더 이상 소셜하지 않다. 그저 미디어일뿐이다. 사람들은 이제 뉴스와 정보를 소셜 미디어에서 얻지만, 전 세계 이용자들이 페이스북 피드에서 보는 콘텐츠 중 뉴스가 차지하는 비중은 3퍼센트 미만이다. 2024년은 선거의 해다. 스무 살이 된 페이스북은 과연 투표장으로 향할까. 어떤 선택을 할까. 극단적인 정치 메시지와 알고리즘이 골라 준 귀여운 고양이 동영상 중

무엇이 더 유해한가. 페이스북은, 소셜 미디어는 성공했다. 하지만 더 이상 마을 광장은 없고 그 자리엔 TV만 덩그러니 놓여 있다. 진짜 TV와는 달리 규제가 거의 불가능한 TV 말이다.

피처

단편 소설처럼 잘 읽히는 피처 라이팅을 소개한다. 기사 한 편이 단편 소설 분량이다. 깊이 있는 정보 습득이 가능하다. 내러티브가 풍성해 읽는 재미가 있다. 정치와 경제부터 패션과 테크까지 고유한 관점과 통찰을 전달한다.

나의 죽음은 나의 것이 아니다

세계에서 가장 개방적이고 자유로운 나라, 세계 최초로
동성 결혼을 인정하고 매춘과 일부 마약이 합법인 나라,
고통 없는 죽음을 환불 보장처럼 가볍게 말하는 나라
네덜란드는 지금 치매와 죽음을 둘러싼 딜레마와 싸우고
있다. 파킨슨병을 앓고 있는 저자가 자신의 경험을 통해
존엄한 죽음을 이야기한다. 머지않아 한국에서도 전개될
적극적 안락사와 인간다운 죽음에 대한 논의를 시작해 본다.
저자 행크 블랑큰(Henk Blanken)은 네덜란드의 작가이자
저널리스트다. 파킨슨병과 치매를 다룬《Je Gaat Er Niet
Dood Aan(죽지는 않을 거야)》등의 저서가 있다. 역자
주지형은 영국 리즈대학교 환경대학원 박사 과정에 있으며
국제 탄소 시장을 연구하고 있다.

반쪽짜리 인간

나는 반쪽짜리 인간이 되었다. 내 몸의 절반에선 경련이
일어난다. 소변을 볼 때 침을 흘리고, 눈이 내려 자작나무의
작은 가지 하나가 부러진 것만 봐도 눈물이 난다. 때로는 나도
모르게 바보 같은 내 왼손이 어깨 위로 물을 엎지르기도 한다.
2011년 나는 51세의 나이에 파킨슨병을 진단받았다. 의사는
10년이나 15년 후에는 도움이 필요할 거라고 했다. 하지만
파킨슨병과 함께 늙어 갈지도 모르는 일이었다. 어쨌거나
의사는 "이 문제로 죽지는 않을 거예요"라고 했다.
그러나 형편없이 끝날 것이라고 나는 생각했다.
파킨슨병의 전형적인 환자는 발병 8~10년 뒤에 장애가
온다고 알려져 있다. 그러나 이런 전형적인 환자는 존재하지
않는다. 모든 환자가 다르다. 나는 진단을 받고 6년이 지난
후에도 여전히 테니스 코트에 설 수 있었다. 그리고 그 후
모든 것이 잘못되기 시작했다. 몇 달 지나지 않아 나는 파도에
흔들리는 난파선이 돼 버렸다. 걸음은 비틀거렸고 보행
보조기에 의지해 발을 질질 끌며 걸을 수밖에 없었다.
신경과 의사는 뇌 수술을 할 시기가 왔다고 했다. 나는
'관찰'을 위해 네덜란드 북부에 있는 병원에 입원하게 되었다.

다른 환자들에게 익숙해지기까지 여러 날이 걸렸다. 남자 환자 세 명, 여자 환자 네 명, 총 일곱 명의 환자가 있었다. 나는 그들의 터무니없는 떨림과 움직임을 보았다. 보행 보조기의 바퀴를 오른쪽으로 돌리려고 필사적으로 애쓰며 걷는 한 걸음 한 걸음. 한 환자는 시골에서 온 심술궂은 농부였는데, 낡은 안락의자에 앉아서 조용히 소변을 보고 있었다.

저녁 식사 시간에는 내 맞은편에 건장한 머리와 풍파에 시달린 눈빛을 가진 70대 남자 환자가 앉아 있었다. 그는 놀란 새처럼 웅크린 채 접시에 입을 가까이 대고 침을 흘리면서 양배추 절임을 먹었다. 때때로 음식이 그의 포크에서 떨어지거나, 벌겋게 부어오른 아랫입술에서 떨어졌다. 접시를 반쯤 비웠을 때 간호사가 상냥하게 음식을 조금씩 먹여 줬다. 그의 턱이 접시에 닿아서 회색 수염이 차가운 양배추 절임에 적셔졌다.

맙소사. 나는 환각에 사로잡혔다. 파킨슨병 환자는 치매에 걸릴 확률이 높다는 것을 읽은 적이 있었다. 나는 언젠가 아내가 내 음식을 잘라 주고 신발 끈을 묶어 줘야 한다는 것을 받아들였다. 가격이 적당한 노인 전용 스쿠터를 찾기 위해 이베이를 뒤졌다. 나는 이 모든 일들을 인정하게 됐지만 병원에서 지내고 난 뒤 "이런 문제로 죽지는 않을 겁니다"라는 신경과 전문의의 말은 완전히 새로운 의미로 다가왔다. 만약 모든 일이 잘못되면, 이것이 내 앞에 놓인 현실이고 심지어 나를 죽이지도 않을 것이었다.

무엇이 더 나쁠까? 파킨슨병에 동반되는 치매의 망각 증상일까, 아니면 고통스러운 신체적 장애일까? 혼란스러운 정신에 갇혀 있는 것이 더 나은가, 아니면 말을 듣지 않는 몸에 갇혀서 맑은 정신을 가지는 것이 나은가?

최근 몇 년간 나는 친구 욥과 이런 종류의 물음에 대해 논의했다. 우리는 가끔 만나서 마치 장기 일기 예보를 하는 것처럼 죽음에 관한 대화를 나누었다. 욥은 알츠하이머병을 앓았고 기본적인 일상을 잊어버리고 있었다. 그러나 그는 자기 아버지처럼 요양원에서 죽고 싶지 않다는 것은 분명히 알고 있었다. 그가 말했다. "간호사에게 쫓기면서 생을 끝내고 싶지는 않아."

낡은 고관절이나 무릎 관절, 혹은 장기를 새것으로 바꾸고 평균 기대 수명이 계속 높아지고 있지만, 우리 뇌는 계속 노화하고 있다. 신경 퇴행성은 삶이 유한하다는 사실을 부정하고 싶은 인간의 강한 욕망에 우리가 치러야 하는 대가다. 머지않아 우리 뇌는 불안정해지기 시작할 것이고, 신경 세포가 파괴되고 요양원에서 간호사와 환영과 우리

자신을 쫓으며 생을 마감하게 된다.

나는 욥이 제일 두려워하는 것을 잘 알고 있었다. 나의 장인 니코는 91세 때 한밤중에 장모를 침입자로 오인하고 부엌칼로 공격했다. 그는 그 사건 직후 노인 보호 기관의 폐쇄 병동에 들어갔다. 그 장면이 내 마음에서 떠나지 않는다. 유리문이 잠겼을 때 뒤에 두고 나온 치매 걸린 노인의 무력함, 형언할 수 없는 외로움 속에서 우리를 바라보던 그의 어리둥절한 눈. 몇 주 후 니코를 찾았을 때 그는 장모가 자신을 무시했다며 비난했다. 아내가 자신을 찾아오지 않는다고 투덜거렸는데, 장모가 눈물을 글썽이며 빵을 먹여 준 지 한 시간도 지나지 않은 때였다.

집으로 돌아오는 길에 나는 저렇게 죽고 싶지 않다는 생각이 들었다. 처음으로 나는 내 생을 스스로 마감하는 방안을 심각하게 고려하게 됐다. 결국 나는 네덜란드가 세계에서 자발적 안락사 제도가 가장 잘 갖춰진 나라라는 생각에 이르렀다.

내 죽음은 나의 것

역사가 제임스 케네디(James Kennedy)는 네덜란드가

1950년대까지는 대부분의 유럽 국가들보다 더 보수적이고 더 종교적이며 덜 번영한 국가였다고 주장했다. 그 후 모든 것이 변했고, 이 무서운 나라는 선구자가 되었다. 윤리적 쟁점을 이끄는 개방적이고 자유로운 사회가 됐다. 마약을 용인하고, 낙태를 합법화하고, 매춘부에게 세금을 징수하는 나라가 된 것이다.

독실한 칼뱅주의자였던 우리는 1960년대에 대혼란 시대로 들어섰다. 교회들이 상점과 아파트로 바뀌었다. 20세기 말에는 기독교 정당들이 권력을 잃었고, 그들의 도그마는 삶과 죽음의 문제에 더 이상 영향을 주지 못했다. 특정한 경우에 죽음을 돕는 것을 합법화해야 하는지에 대해 국가 차원의 논의가 오랫동안 이어졌다. 그리고 2001년 네덜란드 의회는 세계에서 처음으로 안락사를 합법화했다. 새 법에 찬성하는 측의 핵심 논리는 자기 결정권이었다. 즉 '내 죽음은 나의 것'이라는 뜻이다.

오늘날 네덜란드 시민 열 명 중 아홉 명은 2002년 4월부터 시행된 안락사법을 지지한다. 이 법은 개선의 여지가 없는 '참을 수 없고 절망적인 고통'이 있을 때, 자신의 생을 끝내기를 원하는 환자를 의사가 도울 수 있도록 허용한다. 예를 들어 폐암 환자가 각혈로 자기 피에 숨이 막혀 죽어 가는 것을 의사가 막아 줄 수 있다는 뜻이다.

법이 통과된 이후에도 논쟁은 계속됐다. 새로운 환자 집단은 이 법을 보다 자유롭게 해석하려고 했다. 안락사의 범위를 확대하는 판결이 나올 때마다 또 다른 시민 집단이 더 진보적인 입법 운동을 벌였다. 새로운 요구가 나올 때마다 논쟁에 다시 불이 붙는다. 안락사 지지자들은 안락사법의 확장을 도덕적 진보라 평가하지만, 반대론자들은 우리가 고령자나 심각한 정신 질환자처럼 '쓸모없는' 사람들을 제거하는 나치 독일을 연상시키는 사회로 가고 있다고 말한다.

그럼에도 불구하고 안락사 논쟁은 주춤거리는 단계에 들어섰다. 매우 네덜란드답지 않은 일이 벌어졌다. 이제 말문이 막힌 듯하다. 네덜란드 — 다른 어떤 나라보다 모든 사람의 자발적인 죽음에 대한 권리를 믿고 싶어 하는 나라이자, 고통 없는 죽음을 환불 보장처럼 가볍게 말하는 나라 — 는 치매와 죽음을 둘러싼 딜레마와 싸우고 있다.

봄을 한 번 더 보면 안락사할 기회가 사라진다.

나는 2012년 9월의 춥고 비 오는 날에 욥을 처음 만났다. 그는

70대였다. 알츠하이머병을 진단받고 1년이 지났지만 욥은
여전히 놀라울 정도로 멀쩡했다. 그러나 합창단의 요양원
공연 이야기를 20분 동안 세 번이나 되풀이하는 것을 보고
치매가 이미 그의 단기 기억에 문제를 일으키고 있다는 것을
알게 되었다.

욥은 자신의 병이 정신을 얼마나 잠식했는지는 몰랐지만
무엇을 준비해야 하는지는 알았다. 그는 요양원에서 봤던
장면들을 잊을 수 없었다. 결국 그는 사랑하는 아내 제니와
함께 지낼 수 없는 날이 오면 차라리 죽기로 결정했다.
"그날은 어떨까?" 내가 물었다. 그는 여느 날과 다르지
않을 거라고 했다. 아이들과 손주들이 작별 인사를 하러 올
것이라고 했다. "그런 다음, 의사가 와서 주사를 넣겠지." 그가
말했다.

그건 다소 순진한 생각이었다. 한동안 제니와 욥은 그가
정한 시간, 다시 말해 욥이 더 이상 집에서 지낼 수 없을
그날이 오면 죽음을 도와줄 의사를 찾았다. 의사들은 욥의
고통이 참을 수 없을 정도가 되기 전에는 안락사를 실시할 수
없다고 했다. 욥이 "치매가 더 심해져서 내가 판단을 내리지
못하는 상태가 되면 뭘 해줄 수 있소?"라고 묻자, 의사들은 그
단계에서는 안락사를 행할 수 없다고 했다.

나는 욥이 이 딜레마를 완전히 이해하지 못했다고 생각한다. 치매는 안락사 사례에 특별한 문제를 제기한다. 네덜란드 법에 따르면 중증 치매 환자이면서 정신이 온전할 때 미리 안락사 사전 지시서(advance euthanasia directive)를 준비한 경우에 한해 의사에게 안락사가 허용된다. 욥은 그중 한 가지 조건만 충족했다. 모든 것이 정리됐다고 생각했지만 그렇지 않았다.

네덜란드에서 매년 치매로 사망하는 1만 명 중 아마 절반이 안락사 사전 지시서를 가지고 있었을 것이다. 그들은 의사가 그들을 '도울' 것이라고 믿었다. 법으로 허용됐으며 그들의 명백한 바람이었기 때문이다. 네덜란드 성인 열 명 중 네 명은 의사가 사전 지시서에 구속돼 있을 것이라 확신한다. 그러나 의사에게는 의무가 없다. 안락사는 합법이지만 권리는 아니다.

의사가 이 자비로운 살인에 독점권을 가지고 있기 때문에 욥 같은 경우 궁극적으로 죽음을 결정하는 것은 법이 아니라 그들의 윤리적 기준이다. 사전 지시서는 의사가 안락사를 결정할 때 고려해야 할 여러 요소 중 하나일 뿐이다. 안락사가 합법이라 해도 심각한 치매를 앓고 있는 환자에게 안락사를 행할 의사는 거의 없다. 그런 환자들은 '신중히 고려된' 죽음을 요청할 정신적 능력이 없기 때문이다.

이것이 딜레마다. 죽음을 결정할 수 있을 만큼 정신적으로 건강한 치매 초기라면 죽기에는 '너무 이르다'. 아직 좋은 시절이 몇 년 남아 있다. 그러나 시간이 가고 치매가 악화돼 죽음을 원할 때가 오면 더 이상 죽음이 허락되지 않는다. 그런 결정을 내릴 수 있는 정신 상태가 아니기 때문이다. 죽기에는 '너무 늦은 것이다'.

슬픈 이야기다. 네덜란드는 그토록 오랜 기간 죽을 권리에 대해 논의해 왔기에, 네덜란드인은 각자 원할 때 죽을 권리를 가지고 있다고 믿게 되었다. 그러나 막상 실행하려고 하면 환자는 안락사를 결정하는 사람이 아니다. 의사만이 결정할 수 있다. 다른 사람은 없다. 최악의 상태는 피해야겠다고 생각하는 수천 명의 치매 환자에게 네덜란드의 안락사법은 완전히 실패다. 2017년 네덜란드에는 6585건의 공식적인 안락사가 있었다. 반면, 중증 치매 환자는 2012년 이래 단 일곱 명만 안락사했다. 치매 환자는 그들이 실제로 원하는 '적정 시기'에 죽을 수 없다는 뜻이다.

노벨문학상 후보에 수차례 올랐던 벨기에의 작가 휴고 클라우스(Hugo Claus)는 2008년 더 이상 글을 쓸 수 없게 되자 안락사를 선택했다. 클라우스는 알츠하이머병을 앓고 있었지만 죽음을 결정할 수 있는 정신 상태였다. 많은 사람들이 그의 결정을 '용감'하다고 했지만 강한 비난도 있었다. 네덜란드에 이어 안락사를 합법화했지만 여전히 안락사를 큰 죄로 간주하는 가톨릭교회의 반대에 직면한 벨기에에서 특히 비난이 거셌다.

하지만 클라우스의 죽음으로 변화가 찾아왔다. 사회학자 휴고 반 데르 베든(Hugo van der Wedden)은 치매 환자들의 목소리가 커졌고, 사람들도 이전보다 귀를 기울이고 있다고 말한다. 법 자체는 변하지 않았지만 일부 의사들이 참을 수 없는 고통에 대한 기존 해석을 바꾸었다. 미래의 고통에 대한 두려움을 참을 수 없는 고통으로 인식하게 되면서 몇몇 의사들은 치매 초기 단계의 안락사를 허용하고 있다.

그래도 여전히 딜레마는 남아 있다. 환자는 자신이 죽기를 바란다는 것을 확인할 수 있는 정신 상태를 갖고 있어야 한다. 만약 그들이 너무 오래 머물고, 사과 꽃이 피는 봄을 한 번 더 본 뒤에 깊은 치매에 빠지기를 원한다면, 일찍 안락사할 기회는 사라진다. 무덤으로 가는 긴 여정만 남을 뿐이다. 2002년 이후 치매에 걸린 네덜란드인 15만 명이 사망했다. 이들 중 수만 명이 안락사 사전 지시서를 작성했다. 그러나 대부분은 '너무 일찍' 죽음을 택하는 것이 너무 어려워서 '너무

늦게' 죽었다. 안락사법이 발효된 후 처음 몇 년 동안 중증
치매 환자 중 아무도 그들이 원했던 존엄한 죽음을 맞이할 수
없었다. 최근 몇 년간 치매 환자는 100명 중 한 명만 차선책을
택해 '너무 일찍' 안락사할 수 있었다. 그가 바로 2017년 5월
8일 의사의 조력으로 안락사한 욥이었다.

내 죽음보다 더 두려운 것

2016년 2월 어느 월요일 저녁, 150만 네덜란드 시청자들은
TV에서 해니 고드리안이라는 여성이 죽는 모습을 지켜봤다.
그 다큐멘터리는 안락사 직전의 해니를 보여 줬다. 누군가가
해니에게 물었다. 자신에게 무슨 일이 일어날지 정말 알고
있느냐고.

"무슨 뜻이죠?" 그녀가 대답했다.

그녀는 왜 의사가 병실에 들렀는지 알고 있을까?

"아, 모르겠어요." 그녀가 말했다.

"당신, 정말 가길 원해?" 그녀의 남편 게릿이 말했다.

"음, 원해. 준비됐어. 단숨에."

"확실해?" 게릿이 다시 물었다.

"응."

화면 속 해니 고드리안은 짧은 회색 머리칼의 나이 든 여성이었다. 놀란 표정으로 얇은 입술을 꽉 다물고 있었다. "나한테 미안하지 않아?" 안락사 담당 의사가 해니의 반대편에 앉았을 때 게릿이 물었다.

"미안하지. 그래서 서두르는 거야." 해니가 말했다.

"때가 됐어, 여보." 게릿이 말했다. "용기를 내. 당신 정말 오랫동안 용감했어."

그는 아내에게 팔을 두르고 아내의 어깨에 머리를 기대었다. 마치 아내에게서 평안을 구하는 것처럼. 해니는 남편이 하는 대로 뒀다. 남편이 그녀를 안았다. 해니의 왼손에 꽂혀 있는 주삿바늘과 투명한 링거줄은 의사가 들고 있는 주사기와 연결돼 있다. 의사는 다른 손으로 해니의 왼 손가락 두 개를 쥐었다. 그러고 나서 정맥에 용액을 주입했다. "무서워." 68세의 해니가 죽기 전에 말했다.

해니 고드리안은 자신이 어떻게 될지 알고 있었다. 그녀는 언어 능력이 서서히 없어지는 희귀병인 의미 치매(semantic dementia)를 앓고 있었다. 몇 년 전 해니는 제대로 의사소통을 할 수 없을 때 바로 죽기를 원한다는 유언장을 썼다. 해니의 주치의는 유언장을 검토했지만 그녀가 정말 죽기를 원하는지 확신할 수 없었다. 주치의는 네덜란드

자발적 안락사 협회(NVVE)가 2012년에 설립한 '생명의 종말 클리닉(End of Life Clinic)'에 해니의 사례를 의뢰했다. 이 클리닉은 의사가 안락사를 거부할 때 환자들이 의지할 수 있는 기관이지만, 여기서도 안락사를 보장하지는 않는다. 그곳의 의사 역시 같은 질문, '이 사례가 합법적인가?'를 고려하기 때문이다.

안락사 다큐멘터리가 방영되기 1년 전인 2015년, 해니의 안락사를 도운 의사는 렘코 베르베르이다. 그는 해니의 유언장을 읽고 그녀 사례의 관리자와 이야기하고 그녀와 7회에 걸쳐 상담했다. 해니는 의식이 또렷한 순간에 말했다. "이제 아무것도 남지 않았고 내 내면은 텅 비었어요. 내가 할 수 있는 건 아무것도 없어요. 모든 것을 잃었어요. 떠나고 싶어요." 베르베르는 "해니는 자신이 결코 원하지 않았던 모습이 됐다"고 말했다. 해니가 죽은 뒤 안락사 감독 위원회는 베르베르가 이 사례를 아주 '신중하게' 다뤘다고 결론 내렸다. 그럼에도 불구하고 많은 시청자들이 TV에서 본 장면에 놀랐다. 인지신경과학 교수인 빅터 램은 트위터에 "이건 150만 명의 증인이 있는 살인이다"라는 글을 올렸다. 다음 날 램은 네덜란드 TV 황금 시간대에 시청률이 높은 〈De Wereld Draait Door〉에 출연해 원색적인 비난을 반복했다. 함께

출연한 베르베르는 램이 자기가 보고 싶은 것만 본 것이라고
주장했다.

대중이 충격을 받은 이유 중 하나는 의사가 한 여성의 생명을
끝내는 것을 실제로 봤기 때문이다. 막연하고 이론적인
안락사법에 의견을 표출하는 것과는 다르다. 커피를 마시는
거실에 죽음이 들어오는 것은 다른 경험이다.

안락사의 실제 모습을 보여 주기 위해 '생명의 종말 클리닉'이
방영한 그 다큐멘터리는 또 다른 진실을 일깨웠다. 우리는
우리 자신의 죽음은 편안하게 얘기하지만 다른 사람의 죽음에
대해서는 다르게 느낀다. 우리가 상실과 외로움 속에 그림자
같은 존재가 되어 요양원에서 죽는 것을 원하지 않는 만큼,
우리는 속옷 바람으로 복도를 배회하는 할아버지가 '행복해
보인다고' 주장할 것이다.

마찬가지로 우리는 우리 자신의 죽음을 통제하는 것에 가치를
두지만, 사랑하는 사람이 '끝내겠다'고 하면 움츠러든다.
너무 이르지 않느냐고 묻는다. 우리가 뒤에 남겨지게 될 때
죽음은 받아들이기가 더 어려워진다. 사랑하는 사람의 죽음이
내 죽음보다 훨씬 더 두려운 것은 명백하다. 독일 사회학자
노베르트 엘리아스(Norbert Elias)의 말처럼 "죽음은 산 자의
문제다".

끝내야 할 때가 된 거야.

작년 어느 일요일, 나는 아내에게 정원의 오래된 사과나무
아래에서 이야기하자고 청했다. 마침내 우리는 다가올 날들에
대해 의논했다. "함께 나이 들어간다는 것이 이런 것이어서는
안 되는 거잖아." 내가 말했다. "나는 예전의 반쪽이 됐어.
당신이 내 신발 끈을 묶어야 하고, 내 휠체어를 밀어야 하고,
어쩌면 음식을 떠먹여 줘야 할 거야……."
"바보 같은 소리 하지 마." 아내가 말했다. "난 이런 일이
일어날 수 있다는 걸 늘 알고 있었어. 내게 이런 일이
일어났다면 당신도 똑같이 그랬을 거야."
나는 안락사 사전 지시서가 들어 있는 봉투를 아내에게 보여
주었다. 쉬운 일은 아니었다. 한때 철학적이고 정치적인
문제로 여겼던 안락사 문제는 당신이 떠난 뒤 남겨질
사람에게 설명해야 할 때는 완전히 다른 문제가 된다.
"당신이 이 문제를 어떻게 느끼고 있는지 나는 알고 있었어."
아내가 말했다.
"나 자신도 오랫동안 몰랐어."
"말해 줘." 아내가 말했다.
"매일이 불편해." 내가 말했다. "하지만 견딜 수 있을 거야.

벗어날 길이 없으니까. 바보 같은 고통. 나는 서서히 장애인이
되어 가겠지. 그래도 살 수는 있을 거야. 갑자기 머리가
젖혀지는 것, 한밤중의 통증, 멋대로 움직이는 다리, 끊임없는
손가락 두드림 같은 것들에 익숙해지겠지. 어쩌면 간호사가
스펀지 목욕을 시켜 줘야 할 거야…… 맙소사…… 읽을 수만
있다면 기저귀도 찰 수 있겠지."

나는 아내가 무슨 생각을 하는지 알 수 있다. '당신은 침착하게
대처하려고 노력하고 있어.' 요양원이 어떤 곳인지 내가 벌써
잊은 걸까?

"바지에 처음 소변을 보는 순간 사라져 버린 나의 존엄성과
예의는 조금도 개의치 않아. 그러나 더 이상 내가 어디에
있는지 모르고, 내가 아닌 다른 사람이 되어 가고, 더 이상
우리 아이들을 알아보지 못한다면 끝내야 할 때가 된 거야."

바람이 불었다. 여름의 달콤한 향기. 아내는 내가 뭘 원하는지
묻는다.

"나는 내가 안다고 생각했어. 한 걸음 앞서서 치매 초기 단계에
죽기를 원한다고 생각했지. 안락사를 요청할 용기만 내면
됐어."

"그런데?"

"마음을 바꿨어. 중요한 것은 '내' 용기가 아니야."

아내가 회의적이고 주저하는 눈빛으로 나를 바라본다.

나는 나의 죽음이 내게는 큰 문제가 아니라는 점을
깨달았다고 아내에게 설명하려 애썼다. 우리가 죽음에 대해
얼마나 아는가? 죽음은 아무것도 아니다. 우리는 죽음에
대한 어떤 단서도 갖지 못할 것이다. 그런데 어떻게 죽음을
두려워할 수 있을까? 그럴 이유가 없다. 우리는 왜 그렇게
죽음을 통제해야 한다는 생각에 집착하는 것일까? 누구를
위해?

"이건 내 얘기가 아니야." 내가 말했다. 나는 숨을 깊이 쉬었다.
"내 죽음은 내 것이 아니야. 내 죽음은 내가 남겨 놓고 떠나야
할 사람들에게 더 중요한 일이야. 그리고 내가 아주 틀린 것이
아니라면, 나는 중증 치매의 반죽음 상태가 어떤 것인지조차
몰라. 그냥 내가 가라앉아, 천천히 잠이 들어, 아무것도 아니게
되는 시점, 돌아올 수 없는 시점을 지나가도록 해줘."

"당신을 도와줄 의사는 하나도 없을 거야." 아내가 말했다.

"아니. 의사는 그러지 않을 거야."

나는 아내에게 마음을 정했다고 말했다. "이런 일이 일어나지
않기를 바라지만, 내가 온전한 정신을 잃고 죽음을 원한다는
것을 의사에게 확신시킬 능력을 잃는 그날이 온다면,
누군가가 나를 위해 그 결정을 대신 해줘야 해."

"하지만 의사들은 그렇게 해주지 않을 거야."

"물론 안 해줄 거야."

"그럼 누가?"

"남겨진 이들 중 누군가가……."

나는 조심스럽게 적절한 말을 찾아가며 내가 아직 자기 결정권을 믿고 있다고 설명했다. 우리가 원해서 늙는 건 아니지 않는가? 그러나 자기 통제를 유지하려는 비극적이고 고독한 소망 때문에 우리는 때때로 다른 사람들을 잊는다. 나는 이제 아무도 혼자 죽지 않는다는 사실을 안다. 누군가는 반드시 남아서 뒤를 처리해야 한다. 그리고 그 사실이 우리에게 살아가야 할 도덕적 의무를 부여한다.

내가 말했다. "삶을 끝내는 결정을 할 권리는 의사가 아닌 다른 사람, 사랑하는 사람에게 허용돼야 해. 이건 매우 중요한 일이야. 법이 금지하고 있을 뿐이지. 이 법은 반드시 바뀌어야 하지만 아마 수년이 걸리겠지."

나는 계속 말했다. "당신이 내 고통을 볼 수 있다면, 내 공포를 느낄 수 있다면, 내가 인간의 슬픈 찌꺼기가 되었다고 생각한다면 내 죽에 약을 넣을 수 있을 거야."

아내에게는 있을 수 없는 일이었다. 어떻게 그런 일을 요구할 수 있을까?

"못하겠다고 해도 좋아."

"그럼 어떻게 할 건데?"

"다른 사람을 찾아 봐야겠지. 그 결정을 내릴 사람을 내가
정하는 것이 내 유일한 바람이야."

이 역시 고통스럽고 있을 수 없는 일이리라.

나는 아내를 진정시키려고 노력했다. "무엇이 되든 내가 언제
죽을지는 당신이 결정하게 될 거야."

"그게, 당신 선택이라면……." 꽃잎이 아내의 무릎 위로
떨어졌다.

아내는 나를 도와주겠다고 했다. 언제나 그랬던 것처럼. "무슨
일이 있어도, 당신이 숨을 멈출 때까지 내가 당신을 돌볼
거야." 아내가 말했다.

인터뷰

지금 우리에게 필요한 건 롤모델이 아니라 레퍼런스다. 테크, 컬처, 경제, 정치, 사회 등 다양한 분야에서 활동하고 있는 혁신가를 인터뷰한다. 사물을 다르게 보고, 다르게 생각하고, 세상에 없던 것을 만들어 내는 사람들을 만난다. 혁신가들의 경험에서 내 삶을 변화시킬 레퍼런스를 발견한다.

불안의 시대에서 프리랜서로 살아남기

프리랜서를 위한 매거진, 〈프리낫프리〉의 이다혜 편집장은
자신의 경험을 통해 프리랜서를 정의해 나간다. 프리랜서란,
사실 경험으로밖에 정의될 수 없는 수수께끼의 존재다.
프리랜서라는 이름에도 '자유'가 들어가지만, 사실 그들에게
자유는 가깝고도 멀다. 오늘 일어날 시간을 마음대로 정할
수는 있지만, 피드백 시간은 클라이언트의 손에 맡겨져 있다.
노동을 보호해 줘야 하는 제도들은 자유라는 이름 아래
그들을 불안의 시대로 내몬다. 미래의 노동은 프리랜서로
가득할지 모른다. 우리는 그 시대를 어떻게 준비해야 할까?
〈프리낫프리〉 이다혜 편집장을 김혜림이 인터뷰하고 썼다.

10년째 프리랜서로 일해 왔다. 왜 프리랜서의 삶을
택했나?

"프리랜서로 일해야지' 하는 마음을 먹었다기보다는 당시
다니던 회사에서 퇴사할 수밖에 없었던 상황이었다. 건강상의
이유도 있었고, 번아웃도 왔었다. 퇴사한 이후에 다시
입사할지 고민하던 찰나에 일이 들어왔다. 일을 맡아 하다
보니 밖에서도 일할 수 있겠다는 생각이 문득 들더라. 그렇게
어영부영 프리랜서가 됐다.

할 수 있겠다는 생각이 들어도, 감정은 또 다른 문제
다. 불안하지는 않았나?

물론 불안했다. 10년이 다 되어 가는 지금도 불안한 상태다.
프리랜서도, 직장인도 모두 불안하기는 매한가지일 것이다.
그런데 그 불안의 종류가 조금 다르다. 직장에서의 불안은
당장의 생계, 돈에 대한 불안보다는 '이 회사를 계속 다니는
게 맞나'하는 식이다. 프리랜서는 당장 돈을 버는 문제가
걸려 있는, 조금 더 실존적인 불안이다. (웃음) 대신에
그런 안도감은 있다. 내가 하는 모든 일이 나의 경력과

포트폴리오로 쌓인다는 것. 직장 생활에 비해 프리랜서 생활이 좋은 이유 중 하나라고 말할 수도 있겠다.

이다혜 편집장. 사진: 프리낫프리

나의 경력과 포트폴리오를 쌓기 위해서는 성장과 계발이 전제돼야 한다. 프리랜서에게 성장과 계발은 어떤 의미인가?

선택이 아닌 필수라고 표현하고 싶다. 어떤 직업군은 안정적으로 일할 수 있다면 올해는 약간 편안하게 지내자는 결심도 가능하다. 프리랜서는 당장 성장하거나 나의 능력을 계발하지 않으면 생존이 어려울 수 있다. 그래서 성장과 계발은 프리랜서의 일에서 아주 기본적인 구성 요소다.
올해는 내가 어떻게 돈을 벌까, 나의 능력을 어떻게 팔까를
고민하고, 또 시도해야 한다. 물론 그 시도 안에서 성취감을
느끼기도 한다.

프리랜서로서 첫발을 뗄 때 가장 추천하는 경로가 있
다면 무엇인가?

나의 경우에는 같이 일했던 사람들에게 프리랜서를 한다고
소문을 내고 다녔다. 매주 일했던 동료나 전 회사 대표,
클라이언트 담당자를 한 명씩 만났다. 알음알음 아는
사람들이 일을 맡겨 줘서 그걸로 4~5년은 먹고 살았던 것
같다. 일할 때 만나 뒀던 인연이 큰 도움이 됐다.

처음부터 프리랜서로 뛰어드는 건 쉽지 않은 일이겠
다.

아무래도 일을 구할 때 조금 더 부침이 있을 수 있다. 또, 회사
생활이라는 게 그렇다. 어깨너머로 배우는 게 크지 않나.
사수가 메일을 보내는 형식이라든지, 비즈니스 커뮤니케이션

같은 것 말이다. 회사에서는 직접 경험하며 배워 나갈 수 있는데, 프리랜서는 그런 소프트 스킬에서 매끄럽지 않은 순간들이 올 수 있다. 사실 프리랜서 중에는 처음부터 프리랜서를 해야만 하는 직군들이 있다. 이런 직군들이 소프트 스킬을 잘 배워 나갈 수 있는 창구와 기회도 필요하다.

> 프리랜서를 위한 매거진 〈프리낫프리〉를 만들고 있다. 〈프리낫프리〉가 필요하다고 느낀 계기나 순간이 있었나?

당시 복합적으로 힘든 상황이었다. 내가 과연 프리랜서인지, 그냥 아르바이트생인지에 대한 생각에 휩싸여 있었고, 나 자신이 너무 대체 가능한 인력이라는 생각에 자존감도 많이 낮아졌다. 게다가 돈을 떼였었다. 260만 원 정도의 미수금이 발생했는데 그 미수금을 받아줄 수 있는 도움 창구가 아무 데도 없더라. 고용노동부에 들어가서 샅샅이 찾아봤는데도 나오지 않았다. 프리랜서는 노동자보다는 사용자에 가깝다고 판단하기 때문이었다. 그때쯤 되니까 '나만 이런가'라는 생각이 들더라. 다른 프리랜서들은 일에서 어떤 경험을 해나가고 있는지, 또 구체적으로 어떻게 일하는지 등에

대한 호기심이 일었다. 프리랜서라는 존재가 누구인지를
본격적으로 탐구해야겠다는 결심에서 〈프리낫프리〉를
만들었다.

〈프리낫프리〉 1호 표지. 사진: 프리낫프리

〈프리낫프리〉를 포함해 다양한 활동을 진행 중이다.
이 활동들이 프리랜서에게 어떤 역할을 하고 있다고
생각하나?

2019년에 2호를 배포하면서 계약에 관한 기본 정보를 습득할
수 있도록 포스터를 만들어 배포한 적이 있다. 당시 '너무
필요했던 정보였다'라는 이야기를 들었던 기억이 난다. 2호가

나올 때는 프리랜서 송년회를 열었었다. 회식을 좋아하는데, 프리랜서는 회식이 없지 않나. 40명 정도 모여서 새벽까지 이야기를 나눴다. 으레 프리랜서는 혼자 있는 걸 좋아할 것이라는 오해가 있는데, 프리랜서들도 연결되고 싶다. 느슨한 연결감을 만들어 준다는 측면에서 〈프리낫프리〉에 좋은 말씀을 해주시는 것 같다.

〈프리낫프리〉를 만들면서 다양한 프리랜서를 만났다. 가장 크게 느낀 점이 있다면 무엇인가?

'진짜 이 사람들, 자기 일을 사랑하는구나'하는 생각이 먼저 들었다. (웃음) 누구보다 자기 일을 잘하고 싶어 하는, 과몰입해서 일하는 사람들이었다. 존경심도 들지만, 한편으로는 안타까움도 느꼈다. 과연 세상이 그만큼의 마음을 알아주는지에 대한 생각이 들었다.

프리랜서는 '프리'와 '낫프리' 중, 어느 쪽에 더 가깝다고 보나?

아직은 '낫프리'에 가까운 것 같다. 프리랜서가 가진 진정한 자유는 계약밖에 없다. 이 계약의 자유도 프리랜서가 아닌, 고용하는 사람이 가진 자유다. 사실 일이 들어온다고 이 일을 할지, 말지 고민하지 않는다. 거절하면 그다음부터는 그곳에서 일이 안 들어오기 때문이다. 비수기에 먹고 살려면 물 들어올 때 노를 저어야 하니, 사실상 자유롭다고 보기는 어렵다. 물론 프리랜서가 가진 장점 중 하나는 출퇴근 시간을 내가 자유롭게 설정할 수 있다는 점이다. 일하는 공간도 자유도가 높다.

> 프리랜서에게 주어진 '프리함'을 제대로 활용하기 위해서는 시간 관리를 더욱 주체적으로 해나가야 한다.

과거에는 사실 퇴근을 제대로 못 했다. 물리적으로 퇴근을 해도 머릿속에는 계속 일 생각밖에 없었다. 시간 관리를 못 할 때는 눈 뜨자마자 일하고, 자정이 넘으면 위가 아파서 자는 일상이 반복됐다. 번아웃이 심하게 오더라. 그래서 출근 시간을 정하고 루틴을 설정했다. 아홉 시 출근, 다섯 시 퇴근을 철저하게 지키려 하고 있다. 프리랜서로 일할 때는 나 자신의 의지가 정말 중요하다. 나의 생활을 정돈하지 못하면 굉장히 빨리 무너질 수도, 지속 가능하지 않을 수도 있다. 지금의 프리랜서에게 가장 필요한 자질을 꼽으라면 기본적인 자기 관리라고 할 수 있다. 프리랜서는 사업가와 달리, 자신의 자본이 돈을 벌어다 주는 구조가 아니다. 결국 일을 해야 돈을 벌 수 있으니 신체 건강, 정신 건강 관리에 힘을 들여야 한다.

프리랜서 워크숍. 사진: 프리낫프리

미래에는 프리랜서라는 노동 형태가 더욱 보편화할 것이라 보나?

이미 프리랜서는 많아지고 있다. 일단 긱이코노미가 확산했다. 프리랜서를 비롯한 플랫폼 노동자 등 비정형 노동자가 너무 많아졌다. 또 최근에는 기업 담당자와 새로운 세대 사이의 동상이몽도 심해졌다. 최근 MZ세대가 입사해서

1년 이내 그만두는 경우가 많다는 뉴스가 뜨더라. 사실 신입 사원을 회사에서 훈련해서 제대로 구실을 하기까지 들어가는 돈이 6000만 원에서 1억 정도라고 한다. 그런데 조직 문화와 일하는 사람 사이의 마찰은 심해지고, 신입 사원은 계속 퇴사를 반복하게 된다. 그 상황에서 기업은 더 이상 새로운 직원에게 투자하기 꺼려진다. 그렇다면 핵심적인 인력만 조직 내에 남겨두고 외주화를 많이 할 가능성이 크다. 제조업 중심에서 서비스업, 기술 기반 산업으로 변화하는 환경도 조직 밖 노동자를 양산하는 데 영향을 주고 있다.

그런 상황인데도 프리랜서의 좋은 삶을 보장하려는 제도는 너무 빈약하다.

프리랜서가 갖지 못한 게 너무 많다. 사회 보장 제도도 그렇고, 노동자의 지위조차 없는 상황이니 말이다. 퇴직금도, 실업급여도, 기초 교육도, 미수금이 발생했을 때 상담받을 곳도 없다. '스파르타' 상황이라고 표현할 수 있겠다. 그래서 최소한의 안전망을 갖추는 게 중요하다. 코로나 시기 공연예술계 프리랜서들의 삶이 위협받지 않았나. 이들을 어떻게 지켜 줄 수 있을지에 대해 고민하는 과정이 필요하다.

프리랜서의 노동 단가 문제도 심각하다. 일단 단가가 오르지 않는다. 글값은 20년째 똑같다. 그렇다 보니 일을 해도 최저 생계비를 벌지 못하는 상황이 생긴다. 단가 조사를 해서, 공정한 거래 단가는 얼마여야 하는지를 정할 필요가 있다.

프리랜서를 고민하는 이에게 한 가지 조언을 건넨다면?

일단 첫째로, 회사 다니기 싫어서 프리랜서를 하는 건 말리고 싶다. 왜 회사를 다니기 싫은지, 그리고 프리랜서가 되면 그 고민이 해결되는지를 잘 분석해야 한다. 나인투식스가 싫어서 프리랜서를 하는 거면 좋은 선택일 수 있지만, 사람이 만나기 싫어 프리랜서를 한다는 건 어불성설이다. 또, 하나는 꼭 이야기해 주고 싶은데, 프리랜서로 일을 하고 싶다면 1년 치 생활비를 만들어 놓고 시작하라는 것이다. 프리랜서 특성상 돈이 들어오는 시점이 모두 다르다. 불안정하게 생활하다가 다시 회사에 입사하고, 퇴사하는 식이 반복될 수 있다. 최소한의 안정 자금을 확보해 두고 천천히 일을 시작하는 게 좋다. 회사에 다니고 있다면, 최대한의 전세 대출을 받아 놓고 나오는 것도, 좋은 방법이다. (웃음)

프리랜서로서, 이다혜로서 미래는 어떻게 계획하고
있나.

올해 대학원에 가게 됐다. 불안정 노동에 관해 연구하게 돼서
공부를 많이 해야 하는 상황이다. 〈프리낫프리〉를 만들고,
교육도 하면서 느낀 건 프리랜서가 많아질 수밖에 없는
상황인데 사회의 제도와 정책이 그를 따라오지 못한다는
점이었다. 그런 부분들을 조금 더 연구하고, 정책적 기반을
만들고 싶다는 목표가 있다. 불안정 노동자를 대상으로 한
제도나 정책을 만들 때 확실하게 호통칠 수 있는 사람이 되고
싶다.

마치며

그리스의 철학자 플라톤은 영원한 불변의 세계, 즉 이데아의
세계가 있다는 전제에서 모든 논의를 시작했다. 그러나
사유의 세계가 아닌 일상의 세계에서 불변의 존재는 없다.
무엇이든, 결국 종말을 맞는다. 그리고 그 빈자리는 생성의
바탕이 된다. 이것이 변화의 실체다. 변화는 낯설다. 인간은
본능적으로 익숙한 것을 안전하게, 편안하게 느낀다. 매일 밤
눈을 감을 때, 내일 하루를 대강이라도 예측할 수 없다면 삶은
극도의 스트레스에 휩싸일 것이다. 내일도 봄일 것이라는
예측, 회사로 향하는 버스가 어김없이 도착할 것이라는 예측
같은 것들 말이다. 그런데 그 일상의 방식을 뒤엎는 변화가,
역사 속에서 종종 일어난다. 역사가들은 이러한 변화에
'혁명'이라는 이름을 붙이곤 했다. 농업 혁명, 산업 혁명,
정보화 혁명, 그다음엔 4차 산업 혁명. 어쩌면 지금 우리는
혁명의 시기 한가운데 서 있는지도 모른다. 너무 많은 것들이
한꺼번에 사라지고, 생겨나고, 변화한다. 죽음을 맞이하는
방법, 일하는 사람으로 살아가는 방법까지 말이다. 지금
우리가 관통하고 있는 혁명의 이름은 무엇일까. 이 변화를
과연 하나의 단어로 정의할 수 있을까.